U0111383

大展好書 ✖ 好書大展

武術特輯
35

心意門秘籍

李新民　編著

大展 出版社有限公司

前　言

　　本書內含心意門歷代拳家秘而不宣的河南兩大派系之技術：馬氏心意六合拳與嵩山少林寺心意把。其中馬氏心意六合拳章節，以河南心意六合拳馬學禮之弟子張志誠系所傳拳法爲主體。

　　其中挖掘整理的「心意四把捶」、「十形七拳」、「心意六合劍」、「少林心意把」及「心意門拳譜」，皆爲我國武術文化遺產中具有重要研究價值的珍品。

　　歷來心意門人從不輕易外露，故知之者甚稀。今公諸於世，倘能使學習、研究心意門拳法技藝者有所補益，則得償夙願。

　　就本人編寫此書之初衷，意在弘揚心意門這一武術精粹，以示對中國古老傳統文化遺產的珍惜之情。但由於學識水平有限，技藝尚欠精深，書中訛誤之處在所難免，誠望海內外行家斧正。

一、心意六合拳

(一)頭拳熊勢

(二)頭拳鷹勢

(三)挑領熊勢

(四)挑領鷹勢

(五)鷹捉熊勢　　　　　　　　(六)鷹捉鷹勢

(七)斬手熊勢　　　　　　　　(八)斬手鷹勢

二、少林心意把

(九)「大撐中節」龍形

(一)抬轎步

(二)起勢把

(三)左右把

三、心意六合劍

(一)雞形劍(1)

(二)雞形劍(2)

(三)雞形劍(3)

(四)馬形劍(1)

 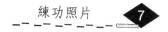

(五)馬形劍(2)　　　　(六)鷹形劍(1)

(七)鷹形劍(2)　　　　(八)龍形大劈

攝影　牛靜華

目　錄

第一章　心意門始源說

一、河南派馬氏心意六合拳的形成 …………… 13

二、馬氏心意六合拳師承一覽 …………… 14

三、心意門首傳人——姬際可 …………… 14

四、心意六合拳與少林心意把 …………… 17

五、形意拳史說 …………… 23

六、心意六合拳張志誠系主要傳人 …………… 25

第二章　馬氏心意六合拳基礎理論

一、馬氏心意拳的特點及基本內容 …………… 29

二、十大真形說 …………… 30

三、陰陽兩藝說 …………… 34

四、三尖照、三彎套 …………… 36

五、鷹捉虎撲 …………… 38

六、發力勁道論 …………… 38

七、交手「十失」論 …………… 44

第三章　馬氏心意六合拳技藝圖解

一、心意拳之基礎 …………… 47

二、拳法技藝圖解 …………… 52

三、四拳八式 …………… 69

四、拳法技藝之實戰 …………… 74

五、心意門實戰技藝變化歌訣 …………… 81

第四章　心意門古傳套路盤藝圖解

一、心意四把捶 ……………………………………… 87

二、心意十形七拳 …………………………………… 93

三、心意六合劍 …………………………………… 106

第五章　少林心意把圖解

一、少林心意把 …………………………………… 129

二、嵩山少林武僧演練之心意把圖解 …………… 132

第六章　心意門歌訣、拳譜

一、馬氏心意拳歌訣 ……………………………… 145

二、心意門拳譜《六合十大要序》 ……………… 148

三、心意門拳譜《易筋經貫氣》 ………………… 153

第一章

心意門始源說

心意門秘籍

河南派心意門拳法技藝，是一種古老的傳統武術，屬內家拳流派之一，在我國武術史上占有重要地位。

歷史上河南派心意門拳法技藝共分兩大派系：即河南馬氏心意六合拳；河南嵩山少林寺心意把。

一、河南派馬氏心意六合拳的形成

河南派馬氏心意六合拳，又稱「心意六合拳」、「心意門」、「心意拳」、「六合拳」及「守洞塵技藝」。

相傳此拳為南宋名將岳飛所創。據說當年凡參加岳家軍的人都練心意拳，與金兵作戰，能攻善戰。岳飛被昏君奸相殺害後，金兵占據中原，遂下令將心意拳列為禁拳。因而此拳經元、明兩代幾乎失傳。

明末年間，山西蒲州人氏姬際可，字龍峰，訪名師於終南山遇一「異人」，得岳穆王拳譜，朝夕盤練，後乃大悟，將此拳傳於後世。

據河南心意門歷代傳人中敘述：明末清初年間，河南南陽府回族馬學禮深知其技之奧妙。當年投奔山西姬氏學藝，恐不能得其傳，裝啞為傭於姬家三年，偷學得此技。後被姬氏發現，因嘉其志，遂將畢生所長悉心授之。故馬學禮盡得其技之神髓。

馬師藝大成後歸河南，為「河南派」心意六合拳之始。下傳馬三元、馬興、張志誠等。「自後，張志誠傳魯山李政；李政傳魯山張聚；張聚傳魯山買壯圖；買壯圖傳長安安大慶」，以及袁鳳儀、尚學禮等。從而形成了河南派心意六合拳之源流。

二、馬氏心意六合拳師承一覽

姬際可→馬學禮
- 馬興→馬梅虎→劉萬義→馬夢洛……
- 馬三元(早逝)
- 張志誠→李政→張聚→買壯圖
  - 安大慶→寶顯廷
  - 袁鳳儀
    - 楊殿青
    - 盧嵩高
    - 宋國賓
  - 尚學禮
  - 丁兆祥
  - 鐵　氏

三、心意門首傳人──姬際可

　　據史料載，確認姬際可是心意門拳法技藝的首傳人。

　　自清代乾隆年間始，心意門拳法技藝已在河南、山西等地流傳。河南洛陽人馬學禮、山西祁縣人戴龍邦，不僅很好地繼承了心意門拳法技藝，並且培養了眾多弟子，為心意門的弘揚光大有著重大貢獻。

　　目前與姬氏拳法同源的派系主要有：少林心意把、馬氏心意六合拳、戴氏心意拳、形意拳。其中少林心意把與馬氏心意六合拳，在技藝風格、拳把招式、動作運行上都比較完整地繼承了姬氏拳技的原始風貌。

　　為使讀者更清晰地了解該技藝之歷史，節選有關文獻資料（保持原貌），如下：

　　據黃新銘著《姬際可傳》載：

　　姬際可，字龍峰。山西蒲州諸馮里尊村人（現屬永濟

縣張營鄉尊村）。生於明朝萬曆年間，卒於清朝康熙初年，享年約80歲。乃心意拳的創始人。

尊村原名宋村。西距黃河二里（今東遷七里），西南距蒲州三十五里，東南距中條山五十里。姬氏係明初由山西洪洞大槐樹遷來。其父姬訓，字學古。生二子。長子際時，次子際可。際可少年時，家有土地二百餘畝，羊二百餘隻。其妻謝氏，生六子。

據清朝乾隆五十五年手抄本《姬氏族譜》卷二載：際可「技勇絕倫。老年破流寇於村西，手殲巨魁。人號神槍。傳藝河南，至今人以夫子事之」。

少時從塾師學文習武。刻苦用功，聰明過人，深得家長和教師的喜愛。

據傳，一月夜，際可在村西河灘練武，來了一老者，看後說：「你練得不錯，只是眼睛還不夠亮。你到池子裡洗洗就好了。」際可便去洗眼。回來時老人不見了。際可疑是「異人」。此後，際可練拳，手、眼、身法、步，渾然一體。繼練大槍術，造詣獨精。常騎馬奔駛在村中巷道上，用槍端點刺屋簷下外露的椽木（每間十棵），無一漏過。可見其槍術之快速與準確。

由於外族入主中原，當時際可產生了強烈的反清、復明思想。甲申之後，際可已屆中年，總想組織反清志士，共圖復明大業，於是出走解縣，朝關帝廟，往東南、越中條山、經平陸去河南。

越中條山時，不慎坐騎失蹄，將其翻下深澗。憑其多年功夫，手攀懸崖絕壁，又爬上了小路。到河南後，他聽說各地反清志士雲集嵩山少林寺，少林寺重修《戒約》，

把「反清復明」列為招收門徒的第一宗旨。

　　際可到少林寺表演了拳術和槍術，得到了僧人的稱讚。亦從少林僧人習武中，大受啟發。在居住少林寺期間，對明朝盛行於少林寺的虎、龍、豹、蛇、鶴五拳深入研習。有一天，他忽見兩雞相鬥，遂悟其理。

　　他想：何不根據各種動物之長獨創新意?!於是創立了心意六合拳，前後各六勢。概括為：雞腿、龍身、熊膀、虎抱頭。從學者甚多，傑出者僅鄭氏一人。鄭氏傳曹繼武，曹傳戴龍邦、馬學禮，此術得以弘揚。

　　際可居少林寺十年，眼看「反清復明」已成泡影，便離寺歸里，教授子孫。他的後人稱形意拳為際可拳。一年，黃河西岸來了一伙強人，侵害百姓，搶掠財物。際可率領村民奮起抵抗，親殺強人首領，保衛了家鄉，贏得了鄉親們的尊敬。

　　去世後，被後人尊為「夫子」，建「奉先堂」，並畫像供奉，延續二百餘年。畫像至今仍很清晰：際可瘦長臉，身高約一米八，鬚髮皆白，身穿淺藍色明代服飾，安詳地坐在彩繪木墩上。像旁聯曰：

　　　創業本艱難，要留好樣於子孫；

　　　守成非容易，不可貽愧於祖宗。

　　姬際可所創的心意六合拳（後名形意拳）經其門人豐富完善，已成為我國重要拳種之一，流傳於海內外。

　　山西省形意拳研究會附言：據姬氏後人言，際可一生活動，僅限於山西、河南二省。他沒有去過終南山，終南山也沒有岳飛廟。際可得岳氏拳經之說，尚無據可證。

四、心意六合拳與少林心意把

(一) 姬際可與早期拳譜目錄

今考姬際可生平，他與少林寺有密切的關係。文獻記載，他一天「忽見兩雞相鬥，遂悟其理」，於是變槍法為拳法，獨創新意，心意六合拳因此而產生。

據姬祥和《先祖姬際可傳略》：「際可到河南後直奔少林寺，他在少林寺很受歡迎。際可精研少林拳法，創新拳種，老和尚請他在少林寺教拳，他在少林寺一住十年，傳授多人（也有和尚）。老年返里。1927 年我的一個族兄姬廉讓（當時 61 歲）路過少林寺，見寺裡還有際可先祖的畫像，便對和尚說：『這是我的先祖。』老和尚高興地說：『原來是老夫子的後人，歡迎，歡迎。』於是招待了齋飯」（見《體育文史》1983 年第 4 期）。

際可十一世孫姬祥和提供的史料與《姬氏族譜》中關於姬際可「傳藝河南」的記載是吻合的。

1932 年，唐豪先生到河南溫縣陳家溝訪問，發現了陳鑫所藏《心意六合拳譜》，此乃至今為止所發現的最早拳譜。《拳譜》有雍正十一年（公元 1733 年）河南府李××、雍正十三年（公元 1735 年）新安王自誠、乾隆十九年（公元 1754 年）汝州王琛琳、乾隆四十四年（公元 1779 年）汝州馬定振寫的序文。

《拳譜》目錄為：

1. 打、拿、行動諸法；2. 雙手；3. 拳經總序；4. 解法必用；5. 手足妙用；6. 錦囊；7. 短手；8. 十九問答；9. 六

合十大要序（三節、四梢、五行、身法、手法、步法、上法、截法、三性調養法、內勁）；10. 總打；11. 十二上法；12. 虎撲鷹捉；13. 易筋經貫氣訣；14. 心意拳論；15. 法式；16. 筋法論；17. 起落論；18. 七十二拿法；19. 總論；20. 穴門；21. 生死擒拿手；22. 擒手；23. 不宜打處。

由於當時拳家保守，僅讓唐豪抄了目錄，未讓他通讀全文。此書在抗日戰爭時期遺失。

值得注意的是：拳譜的序文作者都是河南人。可以推定：心意六合拳最初在河南流傳，也進一步印證了文獻中關於姬氏「傳藝河南」的記載。

(二)《六合十大要序》的兩個版本

心意六合拳的早期拳譜已經失傳，今存於世者僅有拳譜中的第九章《六合十大要序》的兩個秘傳抄本。其一為歷代形意拳家奉為經典的《曹繼武十法摘要》；其二為《少林古傳秘本拳譜》第一章《十法》。

《曹本》為山西省形意研究會所收藏，發表於《形意拳研究》第一輯；《少林寺本》為清末著名武僧寂勤所收藏。寂勤傳於吳山林。

《曹本》在正文前有段序文，為《少本》所沒有。現將兩個版本的正文目錄比較如下：

《曹本》：一曰三節；二曰四梢；三曰五行；四曰身法；五曰步法；六曰手法、足法；七曰上法、進法；八曰顧法、開法、截法、追法；九曰三性調養法；十曰內勁。

《少本》：一曰明三節；二曰齊四梢；三曰閉五行；四曰身法；五曰步法；六曰手、足法；七曰上法、進法；

八曰顧法、開法、截法、追法；九曰三性調養；十曰勁法。

從兩個版本對照來看，可以肯定，原為一本。因分系傳抄，文字稍有差異，但可肯定不是兩個不同的拳譜。

從內容上看，「五行」是作為十法之一來提出的，「橫拳」一詞首次出現，但尚未形成系統的五行拳。這說明五行拳並非始於曹繼武時代。少林寺心意把中沒有五行拳，洛陽馬學禮一系也沒有五行拳。五行拳應始於戴龍邦時代。

少林寺僧對此「十法」，極為重視，逐代傳抄，已成為指導練習「心意把」之經典。

(三) 心意把在少林寺拳法中的地位

少林寺拳法分外功拳和內功拳兩部分。外功拳指：大、小紅拳、通臂拳、羅漢拳、梅花拳、七星拳、朝陽拳、炮拳、長護心意門；內功拳指：心意把和柔拳。

心意把為少林寺僧的秘傳技藝，不僅不傳外人，對一般僧人也不輕易相傳，故少林寺有「寧教十趟拳，不教一趟把」之說。千佛殿內的 48 個凹陷的腳坑，就是武僧長期練習心意把的見證。

千佛殿一名毗盧閣，初建於明代萬曆十六年（公元 1588 年），重建於清代乾隆四十年（公元 1775 年），此殿 7 間，308 平方公尺，殿內青磚地坪上共有 48 個腳坑，4 行，一字形橫排。坑長 80—90 公分，寬 50—55 公分，深 6—8 公分，兩坑中心相距 110—130 公分。

據筆者 10 年前考察，除千佛殿外，白衣殿及寺內各院

凡有青磚鋪的地坪，都有腳坑，大小與千佛殿內同。近來整修廟宇，僅存留了千佛殿內的腳坑。

由此可見，少林寺僧為練心意把花了多大的功夫！心意把在少林寺拳法中的核心地位，也就十分明顯了。

㈣ 心意把與心意六合拳架式之比較

據《少林武法要略》載：「心意把為十二大勢，十二種變化。」《曹繼武十法摘要》序言介紹，心意六合拳早期拳法為：「前後各六勢；一勢而為十二勢。十二勢仍歸於一勢，且有剛柔之分。剛者在先，固征其異；柔者在後，尤寄其妙。」二者記載是一致的。

據德根法師介紹，心意把內容為：起勢把、左右把、翻身把、地盤把、起縱把、騰挪把、亮翅把、展翅把、推上把等。

另據少林武術學校校長梁以全介紹，心意把名稱為楔鐝把、虎撲把、偎身靠、雞形步、游龍飛步、丹鳳朝陽、葉底偷桃、猛虎登山、毒蛇探穴等。

二者所說雖名稱不同，架式還是一樣的。各把都是單式拳法，無套路，一左一右練習，運動在一條線上。

以寺僧常練心意把的兩式為例：

其一：起勢把。

立正，兩手下垂，目視前方；然後，兩手握拳，護襠，拳心向外，手背相靠，間距寸許；兩肩微扣，頭向左轉；目視左前方。形似心意六合拳中「熊出洞」式（一名輕步站）。

接著提左膝，調左膀、上屈肘；同時右拳前衝，右腿

直立。然後懸起的左腿向前邁一大步，成弓步；同時左拳變掌順勢下撲，右拳收回，變陽拳護右肋。形與心意六合拳中之「虎撲把」相似。

然後提右腿、出右腳前踩，作「卷地風」式；在提右膝，出右腿的同時，右拳作「沖天炮」式上打；左掌護右肘，繼而作「落地炮」式；右拳下劈，在左掌心中用力一砸；右腳震地，拳腳均發聲，二聲合一。

此式較陳式太極拳中「金剛搗碓」剛猛得多。一左一右，兩式反覆練習。

其二：左右把（揳镢把）。

開始練步，兩腿下蹲，半側身；兩腳一前一後緊靠；後腳尖與前腳心相合；兩臂下垂；雙手握拳；左臂垂於襠間，拳心朝左；右臂垂於右腿外側，拳心朝右；手背相對。起步時，左腳尖抬起，離地寸許，腳跟不離地；左腳進一步，右腳跟一步。其身法、步法與河南心意拳的「踩腿」類似。

然後起身左旋，左手變掌在胸前一畫；起右拳作「沖天炮」；同時提右膝；左手護右肘。繼而身下蹲，右拳下砸；左掌變拳隨之下砸，仍在右肘內側。此與心意六合拳的「斬手」式大略相同。

按此式一左一右，反覆練習。

要領：起要橫，束身而起；落要順，展身而落。起如「丹鳳朝陽」，落如「猛虎撲物」。

心意把和心意六合拳除了具體名稱有些差別外，其架式、運動特點和鍛鍊要領是一致的。

李天驥在《形意拳的發展演變》中寫道：「我國嵩山

少林寺，很早流傳著『心意拳』，也稱『心意把』，作為該寺傳留的最精拳術之一。1963 年作者實地觀察了少林寺老僧人吳山林所練『心意把』，其運動特點與流行的形意拳確有很多相近之處，為研究形意拳歷史又提供了線索。」

筆者考證，吳山林並非僧人。他的父親小名吳軲轆，自幼出家少林寺，法號寂勤，得到湛舉大師和其他大師的真傳，為清末少林寺中傑出的武僧之一，尤精於心意門拳術。寂勤 40 歲還俗，後生山林，傳其心意把。遍閱少林寺的文獻、資料和實物，未見在清代以前該寺有心意把的記載。千佛殿腳窩當始於乾隆四十年（公元 1775 年），由此判斷，心意把當始於清代。

(五) 初步結論

從文獻對照和動作比較，可以確認，心意把為心意六合拳的初期拳法，應為姬際可「傳藝河南」時留在少林寺的一支，從此被少林寺僧看作是不可外傳的拳術精品，在少數僧人中逐代傳習，輾轉至今。今人所習之心意把較古人會有一定差異，但總的來說，仍不失其本來面目。

（選錄自行吟居士《心意六合拳與少林心意把》一文）

註：唐豪（1897—1959 年）字範生，近代著名體育史學家及武術史學家。三十年代曾任中央國術館編審處長，對少林、太極諸家武術淵源有較深入研究與考證。

五、形意拳史說

據姜容樵《形意母拳》載：形意拳，相傳創始於宋之岳武穆。第考諸史冊，僅載其知拳，而未詳其所治若何，及受之何人，傳與何方。學者憾焉。

蓋武穆生當金虜南侵之際，其精忠大節，固已彪炳於寰區，出兵緒余，亦足以驚世而戒俗。時人崇拜岳少保之為人，習斯拳者，實繁有徒。惜武穆為奸相秦檜所構陷，含冤以歿，斯技遂絕跡於天壤矣。

即有能之者，亦銷聲匿跡，未敢顯露，豈技以人傳。雖嘗韜晦於當時，尚可繼續於後世，顯晦固有時耶？

厥後有姬龍峰者，山西蒲州人，精拳技，尤擅大槍術。於明末清初，往終南山訪道，遇異人授與岳武穆王《拳經》，內載「五行連環」，龍、虎、鷹、熊、蛇、鮐、燕、雞、鷂、馬、猴、鼉等形俱備。象其形，取其意，是為形意拳名之由來。

龍峰於斯，朝夕練習，默識揣摩，後乃大悟，為斯術中興。又越若干年，山西太谷縣，戴龍邦來投門下，執弟子禮，學乃大進，造詣亦獨精。時運近附之者，亦頗有其人，惟未能深入堂奧耳。

又河南先進馬學禮，知斯技之奧妙，恐不能得其傳，乃喬裝苦役，傭於姬龍峰家三年，遂得盡窺其秘旨要義。瀕自行陳來歷，龍峰因嘉其志，悉心所長授之。故學形意真能得其神髓者，僅戴龍邦、馬學禮二先生而已。

馬歸河南，舉其所知以誨學者，一時執贄者盈門。而最稱高足者，只河南馬三元，南陽張志誠二人。自後，張

志誠傳魯山李政；李政傳魯山張聚；張聚傳買壯圖；買壯圖傳長安安大慶；安大慶傳寶顯廷，斯為河南一支之源流也。若戴龍邦先生傳與山西一派則甚廣，迄今盛行三晉，因未能詳悉，故不能記其崖略。

迨後直隸深州有李洛能先生，諱飛羽，字能然者，素喜拳術，常經商於太谷，聞戴龍邦先生善形意，遂往謁，得其指點，因師事馬。時李年 37 歲，自受教後，晝夜練習，至 47 歲，學乃大成，為形意拳北派之一支，蓋能對於斯技發揮而光大者也。

回籍後，教授門生：深州郭雲深和劉奇蘭、宛平宋世榮、大興白西園、太谷車毅齋，祁州張樹德、河間劉曉蘭、新安李鏡齋，皆其入室弟子。要皆卓然有聲，為海內有數之人物。

郭雲深傳許占鰲、李奎元、錢硯堂。劉奇蘭傳李存義、張占魁、田靜杰、耿成信、周明泰、劉鳳春。其餘諸先生亦各有傳人，因未能詳，概從略。

至李存義先生，則傳之郝恩光、尚雲祥、黃柏年、姜玉和、麻錫廣、左振英、李星階、郭漢芝、周玉祥、李文豹、趙雲龍、郭永錄、李海亭等。入室有蓋不下數百人。

張占魁先生傳之韓慕俠、王俊臣、劉錦卿、劉潮海、劉匯川、武銘、魏成海、王占恆、白學海、馬登雲等，入室者又不下數百人。

余亦得幸列張先生門牆，備數而已。李奎元先生，傳之孫祿堂、韓奇英、李漢章。論余之同輩中所傳門生之多，以孫祿堂、韓慕俠、尚雲祥、郝恩光諸人為最。若祿堂所授，如陳微明、李潤如、靳雲亭，皆有聲國術界。

此形意拳源流支派之概略也，述其可知者如此。

六、心意六合拳張志誠系主要傳人

心意六合拳張志誠系，自第五代傳人買壯圖下傳河南周口鎮河西人氏袁鳳儀之後，得以弘揚光大。袁鳳儀之四大弟子尚學禮、楊殿青、盧嵩高、宋國賓將此技分別授於河南西、南部、安徽、湖北、上海、江蘇、陝西等地，從而形成了「河南派」心意六合拳一大支流。今將師兄李書嶺提供部分主要傳人分述如下：

祖師姬際可下傳馬學禮、曹繼武、戴龍邦等人。馬學禮下傳馬三元（早逝）、馬興（此支傳人略）、張志誠。張志誠下傳李政。李政下傳白先師、張聚。張聚下傳張老根、馬毛、買壯圖。買壯圖下傳袁鳳儀、丁兆祥、李海森、買明憲、安大慶、鐵氏等人。這幾位先生均有傳人，因未能詳，故而從略。

惟河南之周口鎮河西人氏（今河南省周口市）袁鳳儀下傳尚學禮、楊殿青、盧嵩高、宋國賓。尚學禮、楊殿青下傳李好友、李青義、李子君、李道夫、李學明、李法林、達洪慶（老恩）、馬貴龍、馬孝山、郭希聖、楊響林（楊老四）、楊洪生（楊先生之子）、蘇訓魁、呂炳田、呂瑞芳等人。

盧嵩高下傳解興榜、李書元、王效榮、孫少甫、李尊賢、李尊思、於化龍、凌漢興等人。

李氏李好友、李青義、李子君、李道夫、李學明再傳：蘇訓廣、馬繼周、馬孝其、方鳳鳴、李金福、李書嶺、李新民（作者）、毛頭、王紹仁等人。

因各地眾前輩傳人甚多，很難詳盡，尚有待本門師長及後人加以補全。

第二章

馬氏心意六合拳基礎理論

一、馬氏心意拳的特點及基本內容

心意拳,自河南洛陽人氏馬學禮得其真傳後,數百年來形成了心意六合拳河南派一大支流。

心意六合拳是以心意誠於中、肢體形於外之意命名的。要求身成「六勢」:雞腿、龍腰、熊膀、鷹捉、虎抱頭、雷聲。強調「內、外三合」。「內三合」者:心與意合、意與氣合、氣與力合。「外三合」者:手與足合、肘與膝合、肩與胯合。使剛柔之勁相濟,內外之力合一。

以模仿雞、龍、虎、蛇、燕、鶻、馬、猴、鷹、熊十種動物之形態演變為拳法,心意門人通稱之謂「十大真形」。其中依鷹、熊兩藝為本,鷹形專向攻取,熊形專向防守,越此兩勢,則拳藝失真。

以單勢拳法為主,無對打套路。拳把一開,一左一右式交換盤練,運動路線皆為直線。盤拳練藝必須側身。發拳擊掌以腰力催肩、肩催肘、肘催手、手打抖擻。手不離腮,肘不離肋。發掌均五指炸開,雙掌同擊時則兩拇指緊合相扣。身成六勢,沉肩墜肘,含胸拔背,勢如背鍋,谷道上提,舌頂上腭。束身緊湊,如抱一團。發拳擊掌盡力外展。束身下蹲,而後用力長身而起,起落如彈簧。發招技擊,勢發隨聲,聲隨勢落,勢隨聲出。發聲吐「噫」字。技擊中專打對方要害部位,拳勢凶猛,發力快促。「上打咽喉、中擊心,由下向上先撩陰」。常用七拳同時擊人,使人遭擊後,再無還手之可能。

在傳拳授藝方面,心意門人將拳藝分為「鑽翻藝」和「罩藝」兩大類。鑽翻藝者:是指貼身入盔,近懷靠打。

此藝對人體之中節翻、轉、擰、插要求很高，適於身材靈小者習練。罩藝者：顧名思義是指從上向下拍打、按打之藝，此藝對人體之本力和梢節協調性要求較強，適應於身高力強者習練。師者授藝多視其天賦分別傳授，故而心意門中有同師學藝者，不能相互交流技藝之門規。

馬氏心意六合拳的基本內容：

主要拳把：1. 雞步趟腿（雞形步、雞步踩腿）；2. 雞步掂腿；3. 龍形裏橫；4. 龍形滾橫；5. 大劈裏橫；6. 迎面貼臂；7. 一頭碎碑；8. 虎抱頭；9. 鷂子入林；10. 劍出鞘；11. 托陰掌；12. 背合掌；13. 雞步搖涮把（搖閃把）；14. 熊形單把（單把）；15. 虎撲雙把（雙把）；16. 十字把；17. 穗子把；18. 單抖把；19. 雙抖把（夜馬闖槽、肚裏出捶）；20. 猴形倒打把；21. 三度聽嗡把；22. 四拳八勢。

套路：

心意四把捶；

心意十形七拳（十形七拳）。

器械：

心意六合槍（六合大槍）；

心意六合劍（十大真形劍）；

心意三節棍。

二、十大真形說

十大真形者：雞、龍、虎、蛇、燕、鷂、馬、猴、鷹、熊。

馬氏心意六合拳，是依據上述十種動物之形態、特點和攻防技能，像其形、取其意而立法為拳的。形像為身之

形，而拳技為意之用。心意門人通稱之謂「十大真形」。

雞　形

心意門拳法中有很多效仿雞形演變而成的技藝。如：雞形步、雞步掂腿等技藝，就是取雞有轉側之精、獨立之能、爭鬥之勇而演變為技藝的。透過效仿雞形的多種身法、步法、爭鬥之法，達到提高習拳練藝人的周身靈活性和整體協調性的目的。

歌曰：將在謀而不在勇，
　　　敗中取勝稱英雄；
　　　兩雞相鬥細心瞧，
　　　方知變化有靈通。

龍　形

龍是傳說中的一種神物，升天入海、變化莫測。心意門拳技中的龍形裹橫、龍形滾橫等技藝，就是效仿龍有束骨之法、升降之形、游空之能、探爪捉拿之精而演變為拳技的。故在盤拳練藝時，心意門人特別強調束而後展、插而後拔、曲而後直、柔而後剛，使身形靈活矯捷、翻轉撐插、縱落起伏、輕靈不滯。

歌曰：一波未定一波生，
　　　好似神龍水面行；
　　　忽而騰空高處躍，
　　　聲濤雄猛令人驚。

虎　形

心意門拳法技藝中的雙把、虎撲把、虎抱頭等技藝，都是效仿虎形。像猛虎有鎮山之威、撲食之勇、拳勢威嚴、姿態勇猛。

歌曰：撼山河威鎮重心，

　　　只有提防我者先；

　　　猛虎施威撲食勇，

　　　形神合一妙其間。

蛇 形

心意門中的蛇撥草、迎面貼臂等技藝，是取蛇有撥草之能、游身之巧之意，效仿蛇之盤旋曲伸、乘隙進取、伸縮往來、曲中求直、節節貫通。

歌曰：來去順利自有章，

　　　撥草能行逞剛強；

　　　蛇形把式盡得妙，

　　　進身敵翻其神慌。

燕 形

心意門中的燕形技藝很多，其用意及運行規律均為勢起上翻，由下向上撩擊。專攻敵之陰部、胸部、腹部及下膘。拳把上起，意欲「恨地無環」。形似飛燕取水，向水而落，沾水而起，輕捷靈巧。

歌曰：拳藝一精百倍功，

　　　功成雲路自然通；

　　　伏身試看燕取水，

　　　恨地無環占上風。

鷂 形

鷂有入林之巧、翻轉擰插之能。鷂以其展翅束身，翻轉擰插入林之勢與別的鳥類所不同。心意門中像其形、取其藝的拳技動作用力多在兩手臂。

動作必須神形協調配合、整體性強，對肩部、腰部、

胯部以及眼法的協調性要求很高。

歌曰：歷來飛禽高空翔，

　　　兩翼儼然像鳳凰；

　　　忽望鷂子入林勢，

　　　武將方知此勢強。

馬　形

馬有奔騰之功，過蹄之能，衝鋒破陣之勢。練馬形之藝須後腿向後猛蹬，前步前進，後腿再極力向前推進。兩腿站立牢固，上下整齊劃一。

馬氏心意門中有「三誤（無）不打人」之說，即「誤（無）腿不打人，誤（無）中節不打人，誤（無）觀方不打人。」其意是指：錯誤的腿步之法或根本就沒有腿步之法，錯誤的中節或根本就沒有中節，錯誤觀察對手的方法或根本就不知道觀察對手的方法。此「三誤（無）」居其一者，拳藝就會失去應有的技擊功效。故而心意門人在盤拳練藝時，對起、隨、追步法之學極為重視。大都遵循如下運動模式：「前腿起則後腿隨，前腿不到後腿追。兩腿雖說有前後，不如兩腿併一腿。」

歌曰：人學烈馬疾蹄跑，

　　　爭功需得膽氣豪；

　　　英雄四海揚威武，

　　　定知此勢得名高。

猴　形

猴有縮身之法、縱山之靈、偷取之巧、攀登之能。心意門拳技中的猴豎臀、猴形倒打把等技藝，都是象形取意，拳把一開，動作快而有力。縱跳伸縮、完整連貫，身

平步穩。

歌曰：不是飛仙體自輕，

居然無影令人驚。

化爲周身無定式，

盡是縱山一片靈。

熊　形

　　熊有豎頸之力、防禦之能。鷹、熊兩藝為心意門拳技之本，越此兩勢則拳藝失真。盤拳練藝要求兩眼平視。俗語：鷹形望地不見地，熊形望天不見天。

歌曰：熊形出洞顯本形，

爲了防禦掌置胸。

得失只爭此一點，

陰陰陽陽無定形。

鷹　形

　　鷹有捉拿之精、觀察審勢之巧。心意門中的一頭碎碑、鷹捉把等拳技，就神形兼備、完整地效仿了鷹之精巧。拳把一開，手起上翻如抽，撕拽而下如鈎。拽拉而下意欲「恨天無把」，如同鷹之捉物。

歌曰：鷹熊鬥智妙無言，

陰陽合勢霎時間；

最是久秋鷹得志，

撲捉狡兔勢精軒。

三、陰陽兩藝說

　　心意六合拳以「鷹」、「熊」兩藝為本。鷹形專司攻取，熊形專司防守，攻取、防守乃往來之理。伸者為陽，

鷹形。縮者為陰、熊形。稱之陰陽暗合。攻取像鷹，防守像熊，越此陰陽兩藝則拳技失真。故而拳把一開，一左一右、一動一靜、一開一合、陰陽合度，轉接有序。

如「四拳八式」，「四拳」者：頭拳（橫拳）、挑領、鷹捉、斬手。「八式」者：頭拳熊式，頭拳鷹式；挑領熊式，挑領鷹式；鷹捉熊式，鷹捉鷹式；斬手熊式，斬手鷹式。雖說能千變萬化，實為陰陽兩式，鷹熊兩藝。拳理深奧，法簡而詳，伸縮開展，動靜分明，萬變不離其宗，實可謂集陰陽學之大成。

歌曰：「鷹熊鬥智，取法為拳。陰陽暗合，心意之源。」又曰：「已成四拳，隨機應變。靜如山岳，動則崩翻。」此乃為心意六合之「兩藝說」。

何謂陰陽？粗而言之，文練者稱「內丹」為氣，武練者稱「外丹」為形。天地之道也不外陰陽，陰陽轉接，出於自然。故而靜極而動，陰者變陽；動極而靜，陽者變陰。發生盡而收藏隨，陰復陽來，陽復陰轉，層出不窮。

人備陰陽之氣一生，乃為個人之小天地，自應當明辨陰陽之理。細而分之，陰陽顯之於外者：高陽低陰、起陽落陰、正陽側陰。勢高者必落之以低，為陽復陰來；若高而更高，至無可高處，勢必不相連，氣必不相接。

前俯者為陽，自當扶助一陰，否則偏於陽必有領拉前跌之患。後仰者為陰，自當扶助一陽，否則偏於陰必有掀翻後倒之憂。故俯勢出者，落點必還之仰勢，斜者還之一正、左者還之一右、前者還之一後、上者還之一下，陽來陰送，陰來陽送。推而廣之：屈者還之一伸、靜者還之一動、起落、進退、反側、收縱，無不皆然。

人身三體、九節，一舉一動，無一不可陰陽而分。陰陽合者，體壯而勁力充實。陰陽不合者，體弱而舉動失措。周身上下，手陽足陰、肘陽膝陰、肩陽胯陰，應切記陰須合陽，陽須合陰。明辨陰陽之理，方可伸屈自然、攻防合術、起落合度、高低適意。做到陰陽轉接有序，觀陰存陽、觀陽存陰、陰陽互用、虛實相生。

總之，平日盤拳練藝，實為調養陰陽之氣，內外兼修，積精蓄銳。一旦用以實戰，心動則手足相應、肩胯相合、肘膝隨之而到，周身之氣不運而自運，不聚而自聚，身法整而活順，則全仗平日調養得法、訓練有素。

綜上所述：陰陽兩藝之學不可不論。習心意者，若不解陰陽兩藝之理，盤拳練藝，實為手舞足蹈，欲得其妙，必不可能。

四、三尖照、三彎套

「三尖」者：鼻尖、手尖、腳尖（包括肩尖、膝尖）。心意門人在盤拳練藝時，師者時常提示學者：「三尖照」為靜勢之本；「三彎套」為動勢之形。無論上式下式、右式左式、攻式防式，皆應動靜分明。動中有靜，靜中有動。動則「三彎相套」；靜則「三尖相照」。拳勢一開，「靜如山岳，動則崩翻」。力爭動則勁道不散，靜則如山岳難搖，如此方可來去無失。

凡動靜不明、勢不穩妥者，蓋因未深究「三尖」照與不照，「三彎」套與不套。做到了「三尖照」、「三彎套」則無東歪西斜之患，而靜者「三尖」未照、動者「三彎」未套，則牽此拉彼，必有搖晃之失。

例如十字勢：左腳、右手在前。中節向左攔，右手要照左腳，鼻尖要照右手，則上、中、下相照，不歪不斜，全身必穩。如右腳、右手皆在前，成右弓步之順式時：右腳尖、右手尖（右肩尖、右膝尖）、鼻尖順勢相照，周身必穩。再，側身顧左右式「大攔中節」變反身顧後者：左肩尖要照右膝尖、右膝尖要照右腳尖，此為「大攔中節」之三尖照。餘可類推。

三彎者：手彎、臂彎、腿彎。又有三尖不能強照之說，則手彎、臂彎、腿彎三彎相套。臂有手、肘、肩三節，腿有足、膝、胯三節，雙數共計十二節。三彎套實為十二節相照，動身形起、隨、追時必用。

做到了「三尖照」、「三彎套」，自然就形成了三尖到，三尖到又稱之渾身齊到。正如譜雲：「打法定要先上身，手腳齊到才為真。拳如炮形龍折腰，……」若靜則三尖不照，動則三彎不套，整體散亂，自然談不上三尖到。

三尖不到自不能上、中、下相隨，渾身齊到。必將出現勢之此先彼後，此速彼遲，互有牽拉，拳把必定行而不利，有起打則無落打，有落打則欠起打，勢不周全，藝不相連。

凡起拳用把，如拳譜所云：「起橫落順，起打落打，起落有勢。」拳藝者，勢運周身當攻防兼備，協調配合、整齊劃一。靜者三尖未照、動者三彎未套，勢出內外必有牽拉，運行必不靈快，擊之必不堅固。細而究之，乃為「三尖不照」、「三彎不套」之患。

故習心意六合拳者，須時刻留意「三尖照」與「三彎套」。

五、鷹捉虎撲

心意六合拳貴在其技擊路線皆走捷徑。拳勢一開，把把如鷹捉物，勢式如虎撲食。鷹具有審勢捉拿之本領，虎具有撲物而物不能逃之技巧。其關鍵在於「鷹」、「虎」都具備善於發現和能夠掌握捕捉對象的運動路線、活動規律及其在運動中暴露出的虛弱環節之本領。

在技擊中，無論交手的雙方技擊運行動作有多麼迅速敏捷，但只要注意綜合觀察分析，就不難發現其規律性的運行路線。例如：直擊拳時必先將拳收斂後方可擊出；前腳前踢時重心必先倒置後腿之後，方能抬起。如能提前發現和控制這些運行規律，就可以做到不失時機地攻擊對手。心意六合拳中的「鷹捉虎撲」之式，就充分地顯示了技擊路線的直截，專攻對方的虛弱環節。

以下這一篇對技擊攻防運行規律的總結，充分顯示了前人對技擊運行規律領悟得透徹程度：

蓋伸手之道，總不外乎擊伸屈防，上下左右。然直擊者無橫力，當截其橫；橫擊者無直力，當截其直；上擊者無下力，當挑其下；下擊者無上力，當劈其上；左擊者無右力，當撥其右；右擊者無左力，當撥其左。歪正屈直，無不可之，此可謂搗虛之法。

六、發力勁道論

(一) 心意六合勁

心意六合拳要求身成「六式」：雞腿、龍腰、熊膀、

鷹捉、虎抱頭、雷聲。雞、龍、熊、鷹、虎、雷，為心意六合拳之身法，拳技運行六形合為一體。強調內、外三合，六合一致。盤拳練藝，使剛柔之勁相濟，內外之力合一。

(二) 心意之陰陽勁

心意六合拳在發力勁道上其理深奧，融道學、陰陽學、生理學、力學為一體。盤拳練藝，剛柔相濟，發招技擊，內外合一。心為技藝之體，技藝為心之用。心欲動周身俱動，意欲發視誰誰驚。其勁力的產生和擊發之道，概略為蓄之中節、固之根節、達之梢節。集蹲、涮、搖、擰、插、踩、撲、裹、束、決「十勁」之中。此「十勁」，可分為陰、陽之兩類。

蹲、涮、搖、擰、插之五勁為陰。故形蓄之以內，以練氣養精、調理三體中節為主，使得統領三體中節之勁道，順之以梢節而發。蹲勁，如虎坐坡，熊蹲物致於死；涮勁，如輪之左右旋轉，陰復陽來；搖勁，如晃死物欲振之一醒；擰勁，如扭固體而轉向，變陰為陽；插勁，如抽出之刀劍，速歸還鞘。

踩、撲、裹、束、決之五勁為陽。故形自應現之以外，以明三節、齊四梢、整身形、統六合之勁發至於落。如譜云：踩勁，如踩劇毒之物至足下；撲勁，如餓虎之撲食；裹勁，如裹物而不露；束勁，如上下束而為一；決勁，如壩破之水決。踩要決、撲要決、裹要決、束要決、決要決。一決無不決，非決而不靈。故歌曰：「『三節』明後，『五勁』相佐。踩、撲、裹、束，惟決勿錯。」

綜上所述：心意六合拳蓋周身之勁道，應起於根節，主於中節、行於梢節、發於脊背。故屈而後直，束而後展，插而後拔，柔而後剛為勁道之奧妙。蹲、涮、搖、擰、插、踩、撲、裹、束、決「十勁」，陰陽轉接，內外合一，方可謂勁道之善全。

　　歌訣：三節明後，十勁聚合。

　　　　　決字靈否，九勁扶佐。

(三) 心意之靈勁

　　本身自然力是心意拳內在功力之體現，是各種發力勁道的概稱，是心意拳內勁之根本。只要能做到自然發力，對於具體運用所採取的種種發力形式，或展或放、或抖或崩，自會各盡其長，發揮自然，運用自如。

　　以功力而論，心意門拳法技藝之功力可分為上乘、中乘、下乘三個層次。有一個由低級到高級的逐步轉化、逐步提高的過程。不單心意門拳法，任何拳法在功力上的體現都有自然、本能之特性，而區別在於威力有強弱之分，發揮有笨巧之別，這就是功力的運用層次問題。

　　低層次的力比較單純，自身之本能難以得到最大限度的發揮。而高層次的力不再是孤立的，而是一個勁力體系的顯現。憑借自我敏感之觸覺，千變萬化應變出了不同形式的發力勁道。要達到由低層次向高層次的轉化，必須經過科學、系統、重複地鍛鍊，尤其要注意身法的調配和心境的調配。

　　所謂「身法的調配」包括兩個含義：一是指在不同的練功階段，要採用不同的練功方法；二是指不論以何種姿

勢練功，都要把身體各部位配合得當，運用得法。

　　所謂「心境的調配」，就是精神意感方面的訓練。初期階段：以「雞形步」和「樁功」作為主要功法練習。隨著行功次數的增加，時間的延長，身體各部位會出現不適應的感覺，如肌肉酸疼、四肢無力等。此階段練功的側重點在於消除肌肉緊張，培養練功的適應性。在此基礎上達到初級階段的伸束自然，左右協調、上下一致。第二階段：以單式拳法「四拳八式」作為主要功法練習，功過百日，自感胸腹坦蕩，腰腿充實，並有溫熱之感。在此基礎上達到周身協調，動靜分明，起落如彈簧，此時已初步具有了心意拳的「外三合」之力。第三階段：在盤拳練藝時，身體有膨脹感和重力感，自身力若千鈞，穩如泰山，發拳擊掌，把帶風，手部有沉重感和實物感。此時已能感知「內勁」的存在，初步具有了心意拳的「內三合」之力。第四階段：主要功法為心意拳藝中之變化，盤拳練藝時自感「內勁」增強，精神飽滿，整體化一，內外相合，鬆而不懈，緊而不僵，自感有一種特殊的力存在。

　　此力已不是單一的、孤立的力，而是一種高層次、高效能、多變性的「靈勁」出現。正如心意拳大師買壯圖所著歌訣云：「學拳容易得藝難，靈勁上身天地翻。六合相聚人難躲，遇人好似弓斷弦。」

　　心意拳之「靈勁」，基於初級的自然力，它不僅僅限於本體重力感和加速度的發揮，更主要的是多了高一層次的內在發力勁道。如果不懂得這一點，就會把心意拳中的各種勁力截然分開。

　　事實上，這些不同的勁力，實源於一。諸如整體力、

展放力、抖崩力、擰插力、螺旋力等等。只要在獲取「靈勁」後，一經練習和體會即可掌握。它們是「靈勁」的勁力體系，與「靈勁」有著相輔相成的關係。

「靈勁」的作用，在於它具有更廣泛的實用性。「靈勁」可以概括為「自然力」與「內勁」相互作用、相互滲透的復合。

如果僅有「自然力」而無「內勁」，就難於表現出拳之威力；若僅有「內勁」而無「自然力」，則「內勁」也不能得到很好的發揮。平日盤拳練藝重在調養「內勁」與「自然力」，打樁、借物體而發力，就是要使二者進一步向空間延伸，使其具有實用性。

如果僅僅進行拳藝訓練，得到的勁力也只能是一種「死勁」，很難用於技擊。故而心意門上乘功力之人，在盤拳練藝結束之前借物體而發力擊打，這是使「內勁」深化為「靈勁」的重要環節，也是秘傳的練功方法之一。

就總體特徵而言，心意拳「靈勁」的表現形式有：四梢勁、六合勁、擰插勁、展放勁、中節勁、抖崩勁、穿透勁以及蹲、涮、搖、擰、插、踩、撲、裹、束、決、顫、撞、拔、點、踏之勁。

從技擊效果看，基本上可分為三種：

1. 展放勁

其效果在於將對方放翻扔出，而對方毫無疼痛感覺。一經交手，對方尚不知是怎麼回事，已被扔出。例如，買壯圖先生，與人較技，時常將對手打出丈餘開外，對方失重即將倒地之時，買先生又能用「雞步」迅速追上將其扶起，對方雖毫無損傷，卻往往大驚失色。

2. 穿透勁

其效果在於將對方擊成重傷，使其遭擊後再無還手之可能。比如打在前胸，而對手則感到疼及後背、震動內臟。使用穿透勁實戰時，我拳從正面擊發，意欲從對方後背穿出。

3. 展放性穿透勁

其效果在於放翻對方的同時，又傷及對方內臟，將展放性和穿透性合二為一。即心意門人所云：「沾、展、翻」三字。

綜上所述：依據心意拳之「靈勁」表現形式，大體上可以劃分出以下常用的發力勁道：

1. 蓄積力。蓄而待發之力，縮身緊湊，如抱一團，骨藏棱，筋伸力，力蓄於鋒棱，無點不彈簧，一經接觸，立即爆發。

2. 六合大撞力。內外相合，完整化一，橫起順落，起打落打，起落有式。勢之運行，意中求快，快中求力，力中有勢，勢中有巧。

3. 擰插力。全身大小關節，都有支撐力，所有部位皆形成鈍角，力欲膨脹又欲收斂，全身均起螺旋作用，使人碰上就被甩出。

4. 鞭梢力。四梢輕柔，像鞭子一樣抽打或擊中對方要害，效果甚佳。此力靈活性好，穿透性強。

5. 驚炸力。心意拳譜云：「拳如炮形龍折腰，遇敵好似火燒身。」實戰時反應快似閃電，與人較技，驚中有抖、抖中有驚，如同熱油鍋滴水，四烹八炸。

七、交手「十失」論

與人伸手，相交多失者，論其有「十失」，故不能取勝。未交手浮氣上升，空腔無物，氣勢發而不疾猛，一失；不知兩手交攔胸前，以顧上下衝擊，二失；未交手先擺空式，顯然三失；閃式而進，不敢直入，捨近求遠，勞而不逸，四失；進必上步，橫身換式，寬不窄秀；五失；交手只在腕，不知進身，六失；放過頭手，不肯打人，七失；二手救住，還不打人，八失；三手、四手才衝開打人，九失；閃躲格住，黏連不住，十失。有此「十失」，交手怎能不敗？

習心意者，與人交手，應氣沉膽壯，神清性定，束身緊湊，如抱一團，貼身如鷂子入林，入盔黏著展、展則翻。黏、展、翻。

第三章

馬氏心意六合拳技藝圖解

一、心意拳之基礎

(一) 手 型

心意拳的主要手型有單掌、雙掌、掌。

1. 單掌

掌法的使用，與其它拳種不同之處在於：心意門使用單掌時，必須五指炸開；右掌前擊時，左掌緊貼右掌之背加力；同時左掌亦可起防守作用（圖1）。

技擊觸力點在掌腕根部，用掌腕根部技擊往往比用拳更能奏效，因而俗有「寧挨三拳不挨一掌」之說（圖2）。

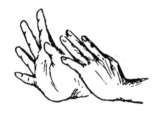

圖1　　　　　　　　　圖2

2. 雙掌

心意門在使用雙掌技擊時，必須左、右大拇指緊合相扣，此手型是心意六合拳中所獨有的。此掌法凶猛狠毒，有「雙推把手從口出打死人」之說。兩拇指緊合相扣，如同技擊前定準了標尺，雙掌從胸前推出，專門撲擊對方的要害部位「太陽神經叢」（圖3、圖4）。

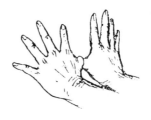

圖3　　　　　　　圖4

3. 拳

心意拳與其它拳種的握拳和使用方法基本相同。不同之處，即常使用拳眼和拳輪打擊對方。

4. 拳尖（小拳，俗稱穿捶、穿拳）

此拳握法折疊中指的第二關節，使其關節凸出，其它四指緊握固定其凸出之中指，使用其凸出點點擊。此拳穿透力很強（圖5）。

(二) 步　型

心意門拳法技藝的主要步型是：弓箭步、彎套彎腿。

1. 弓箭步

弓箭步，又稱弓步。步型可分大、小、高、低各式。俗名「箭杆穿葉」。例如左弓步：左腿屈膝，左腳尖略微向裡扣；上體前傾；鼻尖、左肩尖、左膝尖、左腳尖成一垂直線；右腿挺膝伸直；頭、背、右腿、右腳跟成一斜直線（圖6）。

 48　心意門秘籍

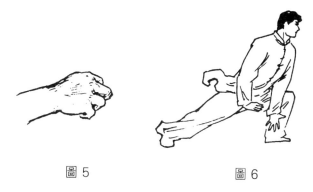

圖 5   圖 6

2. 彎套彎腿

彎套彎腿，又稱「雞形腿」、「雞步」，是心意門拳法技藝運動的基本腿法。例如：左腿前、右腿後之式，兩腿彎屈，身體下蹲，前後兩膝彎相合，故稱「彎套彎」。運動中兩腿彎屈，左右運行（圖7、圖8）。

圖 7   圖 8

(三) 身 型

心意門拳法技藝的主體身法是「六合式」。主要身型

是：「大擤中節」、「小擤中節」。

1. 六合式（以後各章節通稱「起式」）

六合式又稱「侵撲站」、「輕步站」、「熊出洞」、「身成六合」。身成六式者：雞腿、龍腰、熊膀、鷹捉、虎抱頭、雷聲。六合者：雞、龍、熊、鷹、虎、雷，為心意門拳法技藝之主要身法與身型。身動則六形合為一體，故稱「六合式」。

六合式：左腳在前，上體向右側身，整體下蹲，兩腿彎屈前後相套，雙手相抱放置胸前（也可左手護腮、右手護胸）。要求沉肩墜肘，含胸拔背，勢如背鍋，谷道上提，舌頂上腭，兩眼平視（圖9、圖10）。

圖 9

圖 10

2. 大擤中節

譜云：「身有八法，起落、進退、反側、收縱。」這里對初學心意拳者沒有講身法，而只是講身型。但「大擤中節」式，已牽涉了身法中的「反側」法，故爾略加注解。

反側者：反身顧後，而側身顧左、右。「大擰中節」之身型是原地左右轉體180度，意在盤練「反側」之法。為下一步盤拳練藝打下翻、轉、擰、插身型之基礎。

大擰中節式：左腳在前。整體下蹲，兩腿彎相套，上體向左後擰，下肢體形不變。右手置左膝外側，左手置左臀外側。使右肩尖和左膝尖、左腳尖垂直相照（圖11）。

承上式：上體向右後轉180度，兩腿隨上體擰轉，腳下擰出兩個圓點。兩手臂在上體擰轉的同時，由下向上掄經頭部上方後落至右膝外側（圖12）。此式一左一右、一反一正地原地反覆練習。

小擰中節式與大擰中節式大同小異，惟轉幅略小。

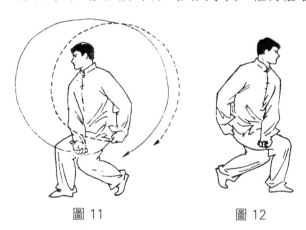

圖 11　　　　　　　圖 12

(四) 椿　功

習心意六合拳者，當盤拳練藝之後的收功時練此椿功，效果最佳，故又稱「站椿收功」。它是人體激烈運動後的靜養之法。

椿功式（六合椿）：左腳前伸，腳尖勾起，腳跟輕觸地；雙腿屈膝下蹲，重心置於右腿；左手抬起，伸至面部正前方，掌心向內，中指與鼻尖同高，手臂彎屈，使肩胯相照、肘膝相照、手足相照；右手五指炸開，下按至右腿外側，掌心向下，四指朝前（圖13）。

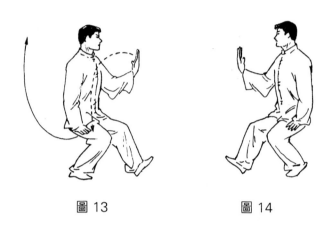

圖13　　　　　　　圖14

右腿力盡，承上式更換左腿，變右腳前伸，腳尖勾起，腳跟輕觸地；右手抬起，左掌下按；動作同上，只是左右式之變化（圖14）。

要求：隨著功力的增長慢慢延長站椿時間。身體要盡力下蹲，肩要沉，肘要墜，谷道上提，舌頂上腭，呼吸自然，兩眼平視前手之中指尖。站椿時，周圍環境要清靜。

二、拳法技藝圖解

(一) 雞步踩腿（雞形步、雞步趟腿）

1. 左腳在前；兩腿盡力下蹲，腿彎部前後相套；上體

向右側身，兩掌十指炸開，拇指緊合相扣，置小腹前（圖15）。

2. 進左步，雙掌由下向前上推出，與腹部同高；隨之上右步，同時兩掌回收置右胯部；身向右側（圖16、圖17）。

3. 進左步，兩掌隨步落而向前推出，掌與腹同高；眼平視前方（圖18）。

雞形步是本拳的基礎步法。兩腿彎屈，腿彎相套，直線大步行走。左右式相同，連續不斷。

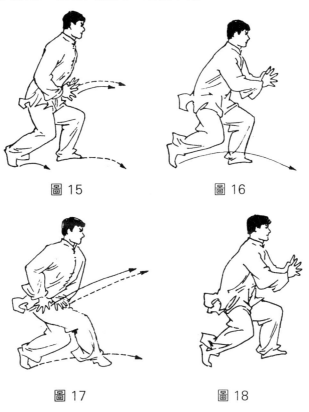

圖 15   圖 16

圖 17   圖 18

(二) 雞步掂腿

起勢（起勢六合熊出洞）：

1. 掂右腿置於左腿前；身體右擰 40～50 度，右腳落地；隨之左腳急墊半步跟至右腳後；再次催動右腳上步；掂腿進步的同時，雙掌在腹前交叉後，隨掂步而分開；左手至右腿前，右手至右臀後；右擰中節（圖 19）。

2. 掂左腿至右腿前，向左擰體 40～50 度（圖 20）。左

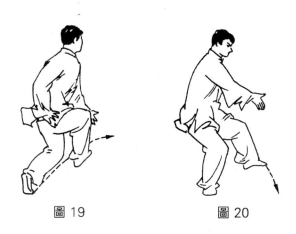

圖 19　　　　　　　　圖 20

腳觸地，隨之右腳急墊半步至左腳後，再次催動左腳上步；掂腿進步的同時，雙掌在腹前交叉後，隨落步而分開，右手至左腿前，左手至左臀後；左擰中節（圖 21）。

運動路線為「W」形直角曲線。左右相同，連續不斷。

(三) 熊形單把（單把）

起勢：

上右步、進左步再急進右步（快三步），右腳觸地之際，左腳跟抬起；同時右掌五指炸開，用掌根向前推擊。肘微屈下沉，掌與胸部同高；左掌緊合至右掌背加力，此為右單式（圖22）。如此兩腳交替向前上三步，呈直線運行。反覆練習。

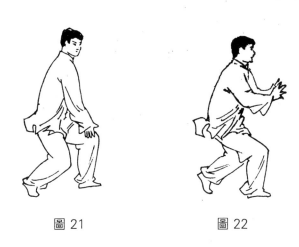

圖 21　　　　　　　圖 22

(四) 虎撲雙把（雙把）

起勢：

雙手放置胸前，左右腳循直線交替進步，每進一步，雙掌向前推擊一把。兩掌十指炸開，兩拇指緊合相扣。雙把推出要有抖力，與胸部同高，左右式同，連續不斷（圖23）。

(五) 十字把（十字雙推把）

起勢：

1. 左腳上步；同時左、右掌向前上方伸至與面部同高；掌心向內，左掌在前上，右掌略後（圖24）。

圖23　　　　　　　　圖24

2. 左腳上一步；同時，右腿跟進與左腿平，右腳腳尖點地，重心置左腿，身體盡力下蹲；隨之雙掌向前反掌，變掌心向下拉拽；左掌拉至左腿外側；右掌拉至右腿外側（圖25）。

3. 右腳向右前方上步成右弓步；同時雙手提至胸前向前推出；兩肘夾肋，掌指炸開，拇指相合（圖26）。

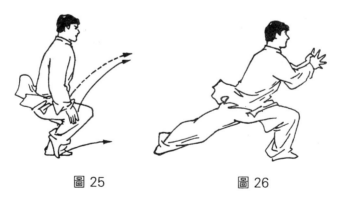

圖25　　　　　　　　圖26

 心意門秘籍

4. 左腳跟進與右腿平，腳尖點地，重心置右腿；左腳上步成左弓步；兩掌向左前方推掌。如此左右式相接，連續不斷。

(六) 雞步搖閃把（搖涮把）

起勢：

兩腿彎相套，身下蹲直線走「雞形步」。左腳在前時，左手在前；右腳在前時，右手在前。

1. 左腳在前，左臂前伸，屈肘前立左掌，掌心向內，五指炸開；右掌五指炸開，掌心向外，右掌虎口處與左肘尖相合（圖27）。

2. 進右步，左掌隨進步變掌心向下，置於小腹前；上體向右擰（圖28）。

3. 再上左步，同時左掌由下往上從臉部右側向左畫圓搖涮而出；左肘仍屈曲，右掌「虎口」仍與左肘尖合（圖27）。左右式同，連續不斷。

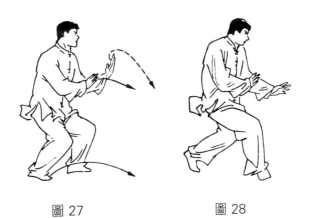

圖27　　　　　圖28

(七) 懷抱頑石

起勢：

1.右手、右腳在前，雙手置於胸前；橫上左腿，成剪步下蹲；同時雙手上起過頭，交叉後分向左、右下落，兩掌心向上；身下蹲、臀部坐於右小腿後側（圖29）。

2.向右後撐身轉體180度，上右步成右弓步；隨步落，雙掌同時收經胸前向前推出。同「虎撲雙把」（圖30）。左右式同，連續不斷。

圖 29

圖 30

(八) 迎面貼臂

起勢：

1.左手、左腳在前，身向右側，雙手放置胸前。

2.右腿蹬地，向前進左步；身向左側下蹲；右腳緊隨左腳後；兩腿彎相套；在進左步的同時，左掌向前下劈掌；隨之向左撐體，緊接劈右掌；劈右掌時，左掌交錯上

升至右腮旁，左掌心朝向右腮；右掌下劈至左腿外側；上體盡力向左擰轉（圖31）。

3. 起身上右步成右弓步；同時右手掌心向上，手臂橫起前伸至與肩同高；左掌掌心向下，在上右步時按至襠前（圖32）。左右式同，連續不斷。

圖 31   圖 32

(九) 一頭碎碑

起勢：

1. 左手在前，掌心向內；雙掌從胸前向前上方一伸，兩掌相合，右掌壓置左掌（圖33）。

2. 右腿一蹬，進左步；左腳觸地的同時，雙掌翻腕變掌心向外、向下，猛撕拽拉至腿襠部變拳；身隨之下蹲，頭向前衝點（圖34）。左右式同，連續不斷。

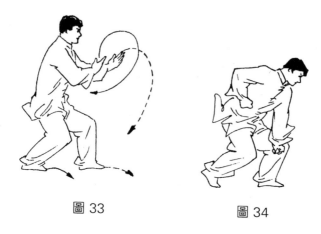

圖 33　　　　　　　圖 34

(十) 大劈裹橫 (一劈一裹)

起勢：

1. 進左步，下劈左掌，急上右步，右腳觸地時，向左擰體 80～90 度劈右掌；同時左、右掌交錯而過，左掌上升至右腮旁，掌心朝向右腮；右掌掌心向外，劈落至左膝前成馬步（圖 35 ）。

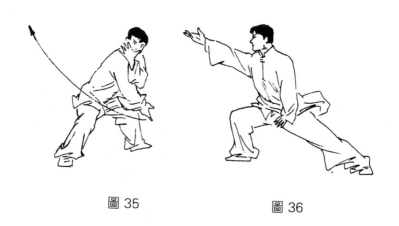

圖 35　　　　　　圖 36

2. 右掌掌心轉向上，抬臂向右後方橫起，手前伸與眼同高；左掌隨之下按於襠前；同時左腿蹬直成右弓步（圖36）。此式如不橫起手臂而屈肘向前頂擊，則變藝為「劍出鞘」。左右式同，連續不斷。

(十一) 穗子把

起勢（步法與「雞步掘腿」式相同）：

1. 掘左腿，右掌向前下劈；左掌隨之上升，雙臂分置胸腹前，身向左擰；左掌護於右腮旁，掌心向外；右掌心向上、置於左腿外側；身下蹲，兩腿彎相套（圖37）。

2. 右腿上步；同時右掌掌背向外、由後向前撩擊；撩掌時，手臂要垂直放鬆，四指指梢用力；左掌隨之向後撩擊。要領與右掌相同（圖38）。左右式同，連續不斷。

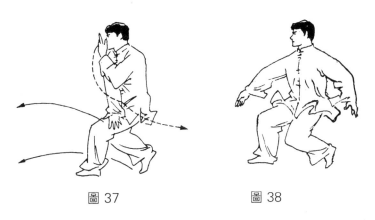

圖 37　　　　　　圖 38

(十二) 單抖把

起勢：

1. 左手、左腳在前；右腿一蹬，仍進左腳，右腳急隨

半步至左腳後；左腳觸地的同時，左拳由下向上衝起後，隨之屈肘，變為肘尖上挑，拳心向內置於左耳旁；右掌護於左肋旁（圖39）。

2. 右腿一蹬，仍進左步，右腳仍急隨至左腳後；同時，左拳猛下砸回收至左肋部；隨之右掌變拳向前上衝拳；同時，左撐中節，肘微屈，拳與鼻同高，拳心向內（圖40）。左右式同，連續不斷。

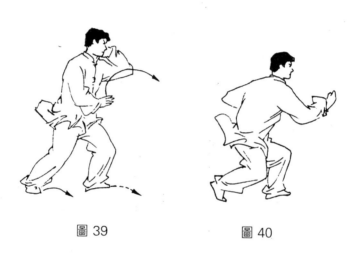

圖39　　　　　　　　圖40

(十三) 雙抖把（夜馬闖槽、肚裡出捶）

起勢：

雙手置胸前，進左步，上右步，再急過左步（過步箭竄）；同時，雙手下落至左腿內、外兩側變拳；隨著左腳觸地，雙拳從腹前屈臂向前上方撞擊，雙拳拳眼朝上、拳心向內，與腹同高；發拳時雙拳要向內、向上撐旋而出，要有抖勁；隨雙掌發出，頭部略向前衝點（圖41）。左右

式同，連續不斷。

(十四) 龍形滾橫

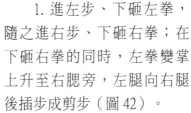

圖 41

起勢：

1. 進左步、下砸左拳，隨之進右步、下砸右拳；在下砸右拳的同時，左拳變掌上升至右腮旁，左腿向右腿後插步成剪步（圖42）。

2. 左掌、右拳相貼，護置胸前，兩臂抬平；身下蹲，重心移至左腿，同時猛向左擰轉360度（圖43）；變右式時，進右步、下砸右拳，向右轉體360度。左右式同，連續不斷。

圖 42

圖 43

(十五) 鷂子鑽林（鷂子入林）

起勢：

進左步，右腳勾腳尖向前蹬踢敵之脛骨，也可蹬敵膝關節和陰部；雙手相合、左上右下、護置胸前；右腳觸地，隨之右掌前擊，與胸部同高，同時上體向左擰身，左掌隨之從臉前收至左腮旁（圖44、45、46）。左右式同，連續不斷。

圖 44

圖 45

圖 46

(十六) 猴形倒打把（上步倒打）

起勢：

1.左腳前、右腳後，雙手護置胸前；右腿一蹬，左腿躍進一步，右腿隨之屈膝提起，腳尖上勾；同時，雙手向懷中拉拽，左掌五指炸開，收至右腮旁，掌心向耳；右掌

收至右肋側，掌心向上（圖47）。

2. 右腿向後掃落，腳觸地成左弓步；同時，右掌從肋間向前推出；左掌合至右掌背上加力（圖48）。繼而重心移至左腿，而後左腳一蹬、躍進右步、提左膝、變左式。左右式同，連續不斷。

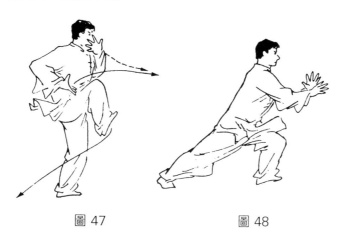

圖47   圖48

(十七) 托陰掌

起勢：

1. 右手壓置左手上，掌心均向內，置於胸前；進左步，雙掌滾手，變掌心向外、向下，右手向前下按至左腿前上方；左掌收按至左腰間；身向左擰，雙腿彎相套，左腿在前，右腿在後（圖49）。

2. 急進右步成彎套彎腿；同時，右掌內旋，四指轉朝左、掌心朝外；左掌外旋，四指轉朝下，掌心朝外，兩掌相距約一掌寬；隨右腳觸地向前上推托（圖50）。左右式同，連續不斷。

圖 49　　　　　　　圖 50

(十八) 背合掌

起勢：

　進左步，緊隨右步（進右步緊隨左步）；左掌掌心向內，拇指朝上，四指向右；右掌掌心向外，四指朝上，兩掌五指炸開；兩掌心相合，推掌前擊，與胸同高；如此上一步，合擊一掌（圖51、52）。左右式同，連續不斷。

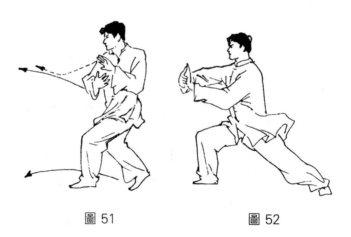

圖 51　　　　　　　圖 52

(十九) 虎抱頭

起勢：

1. 躍進右步，雙手由上向下拉拽至左腿兩側。躍步的同時，左腿勾腳尖屈膝上提（圖53）。

2. 左腿向前落步成左弓步；同時兩掌隨屈肘上提至兩耳旁邊；掌心向內，手指炸開，雙肘尖上挑（圖54）。左右式同，連續不斷。

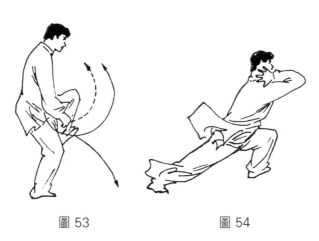

圖53　　　　　　圖54

(二十) 三度聽嗡把

歌訣：三度聽嗡藝一把，
　　　硬衝硬打遮攬拳；
　　　猛虎抱頭加雷聲，
　　　犯者足前染黃沙。

起勢：

1. 左腿在前。左腳進半步，右腳急過左步；過步的同

時向左擰體 180 度；同時左
手掌抬至臉前，隨向左擰體
拉置左耳後；右手握拳，由
下向上衝拳、屈肘後變掌置
右耳後。雙掌十指炸開；
左、右臂抬平（圖 55）。

圖 55

2. 成馬步後重心移至左
腿；上身向右猛轉擰體 90
度；眼平視；擰轉上體的同
時，提右膝、勾腳尖；兩手
由上向下撕拽變拳分置右
胯、右腿外側（圖 56）。

3. 右腿向前落步成右弓步；同時，右拳上衝後屈臂挑
肘；左手隨之收至右肋旁，右拳置右腮旁（圖 57）。左右
式同，連續不斷。

圖 56 圖 57

三、四拳八式

「四拳」者：頭拳（橫拳）、挑領、鷹捉、斬手。

「八式」者：頭拳熊式、頭拳鷹式；挑領熊式、挑領鷹式；鷹捉熊式、鷹捉鷹式；斬手熊式、斬手鷹式。

四拳歌：已成四拳，隨機應變；靜如山岳，動則崩翻。

(一) 頭拳（橫拳）

1. 頭拳熊式

左腳在前、腳尖上翹，腳跟微離地；左掌五指炸開，中指貼置左腳心，掌心向右；右腿盡力下蹲，臀部、腿彎和腳跟成直角三角形；右手握拳置右腿外側，頭和上身垂直；兩眼平視前方（圖58）。

2. 頭拳鷹式

左腳邁進一大步成左弓步；同時，右拳從右胯下上提擊出；左手隨之從左腳處撩起，與右拳相合；左掌五指炸

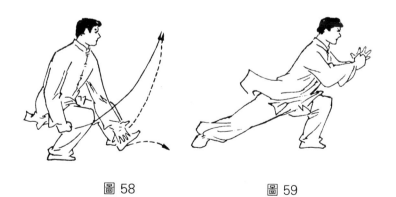

圖58　　　　　　　圖59

開，由下向前、向上撩擊；雙臂高與胸平，沉肩墜肘；兩眼平視前方（圖59）。

盤藝法：

身穩如山，聚精、氣於骨髓之間。四梢勁齊，握拳似卷炮。拳勢由下向上一提，雙臂撩擊而起，形如飛燕取水，意欲「恨地無環」。

用法：

藝在防下而後上步撩打敵之陰部。同時也可變藝撩擊敵之腹、胸及下腭。

(二) 挑　領

1. 挑領熊式

右腳在前；右手向上直伸，掌心向左、五指炸開；左掌心向下按至襠部；全身帶動右臂猛往下沉劈；左腿隨之盡力下蹲；腿彎、臀部、腳跟成直角三角形；右腿在下劈的同時，屈膝、腳尖上翹、腳跟微觸地；右手劈落至右腿內側，右掌中指貼於右腳心內側，五指炸開，掌心向左。左手在右手下劈時上升至右腮邊，掌心向面部（圖60）。

2. 挑領鷹式

左腿猛力上起；右腳向前上一大步成右弓步。右臂在起身的同時，由下向上、向前盡力挑起。上挑時手臂略微外擰，五指炸開，掌心向斜上方（也可握拳）；左手在右臂上挑之際下按至襠前，掌心向下；四指朝前（圖61）。

盤藝法：

下劈之勢，束身緊湊如抱一團。上步起身要盡力外展，勢之起落猶如彈簧。挑領熊式者，為沉劈之落勁；挑

圖 60   圖 61

領鷹式者，為上撩之起勁。一束一展，一開一合，一起一
落為本拳之根基。

用法：

此藝成後，進步踏入敵之中門，專打敵陰部。也可用
手臂插入敵之兩腿間、向身後將敵挑拋而出。

(三) 鷹　捉

1. 鷹捉熊式

兩腿直立，雙腳併齊；左手與右手交叉上起護置頭部
前上方；右手在前，左手在後，左手小指對右手虎口處；
含胸拔背，雙掌十指炸開，高過眉端，兩眼從手臂之下方
向前平視（圖62）。

2. 鷹捉鷹式

左腳向前一大步成左弓步，鼻尖、膝尖、腳尖成一直
線；兩手在左腳上步的同時，自上而下撕拽並向下拍按；
左手在前，十指朝前，掌心向下；右手置襠下；左手在左

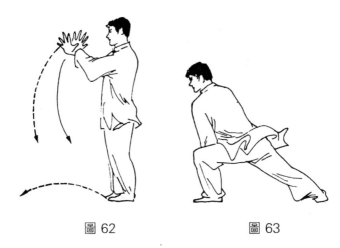

圖 62 圖 63

小腿內側（圖 63）。

盤藝法：

起手如抽，落手如鈎。起如舉鼎，落如分磚。撕拽而下，意欲「恨天無把」，如同鷹之捉物。

用法：

主藝在肩打、頭撞敵之胸、面部。也可用手、肘擊敵面部和鎖骨。

(四) 斬 手

1. 斬手熊式

上左步，隨之右腳尖上勾，屈膝上提；同時，右手握拳從下向上打「沖天炮」；左掌五指炸開、與右腕相合，兩臂內合；左手為掌，右手握拳（圖 64）。

2. 斬手鷹式

右腳盡力向前邁落成右弓步；同時，右拳向裡、向下、翻擰下捶，拳心向內下方，拳面向前下栽；左掌五指

圖 64　　　　　　　　　圖 65

炸開護置右肘內側（圖65）。

　以上「四拳」、「八式」在盤練時，均為兩眼平視前方。如譜云：「鷹形望地不見地，熊形望天不見天。」

　盤藝法：

　周身一體，上下合一。勁起連肩帶背、連膝帶足；勁落連撲帶拽、連聲帶氣。

　用法：

　勢起之時擊敵之陰部、胸部、下腭；勢落可擊敵之胸部、腹部、面部。此式俗稱：「硬開三簧鎖，就是神仙也難躲。」

　「四拳」、「八式」之精髓，在於其樸實無華、突出實戰、凶猛狠毒。

　要領：身成六式、內外相合。其特點為：上下、起落、束展、開合。

四、拳法技藝之實戰

(一) 技藝之特色

馬氏心意六合拳極為保守，其名威震武林，卻很難見其形。歷代師長都以口傳心授之方式傳遞，即使有幸見其形，亦難知其用。

今流傳於世的拳法技藝，最多不過三十式。其招式凶猛、用法狠毒、每式均為單式拳法，無對打套路。拳式一開，嚴密緊湊、動靜分明、樸實無華、一左一右直線運行，始終強調保持四肢之功能發揮平衡。

在實戰中講究「七拳」併用，尤其善用頭、肘、膝（俗名「三石」）擊人。打法精要在：「貼身入盔」、「腳踩中門」、「硬衝硬打」、「黏著展、展則翻」（俗稱：黏、展、翻）。

總之：本拳打法之精髓不在於一招一式，而為一勢數招。勢起打七拳併用，勢落打三節相隨。形成了起落有勢，起打落打、內外相合、一氣呵成的獨特風格。

(二) 實戰圖解

七拳者：頭、肩、手、肘、胯、膝、足。

歌曰：用必七拳，頭肩手肘；胯膝合足，相助為友。

1. 頭打（鷹捉虎撲）

【動作】乙不拘任何手法攻擊甲胸或面部。甲採用六合式站立，待乙方出手之同時，左腳上半步踏入乙中門，兩手由胸前翻掌而起；兩臂屈肘向上翻掌而舉，起到防護

作用，同時手掌可推擊乙方下腭、肘尖頂擊乙胸部（圖66）。

乙後閃或遭擊後退步。

甲進左步踏入乙中門，成弓步；同時兩臂下落至左腿兩側；用頭、肩撞擊乙方面部或胸部（圖67）。

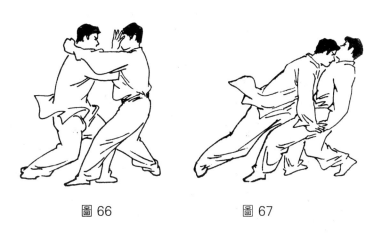

圖66　　　　　　　　圖67

【要領】手上起時要有抽、舉之力，下落如鈎，撕拽而下時意欲「恨天無把」。勢起手打、肘打；勢落肘砸、掌劈、頭撞。

2. 肩打（大劈裏橫）

【動作】當乙進攻甲時，甲上左步大劈掌或用拳輪下砸敵之頸部；隨之上右步，右掌下劈至襠前。此時已將乙方雙臂、雙腿裏住，然後橫向發力，將乙方擊出（圖68）。

【要領】大劈下落時，要束身緊抱成一團；右臂挑起橫向發力時，要盡量向外展開。

3. 手打（背合掌）

圖 68

圖 69

【動作】乙右直拳擊
甲面部或胸部。甲順勢向
左擰中節，右掌截乙右臂
內側（圖69）。隨之進右
步至乙中門，同時兩掌心
相合向乙推出（圖70）。

【要領】借敵之勢上
步，兩掌合一擊出。

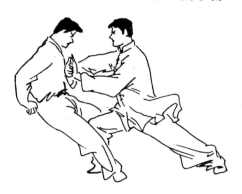

圖 70

心意門秘籍

4. 肘打（三度聽嗡把）

【動作】乙用右腿踢甲面部或胸部，也可用拳擊甲面部。

甲左、右式防護（圖71）；同時進左腳踏入乙中門，起左臂屈肘上挑乙胸部（圖72）。

【要領】進步、起拳、起肘，要同時完成。

圖 71

圖 72

5. 胯打（俗語：學會心意門，屁股能打人）

【動作】乙用右腳前踢甲腹部。甲用臥地炮下防；同時進左步踏入乙中門，擰中節調胯部擊乙腹部（圖73）。

【要領】上步要快，發力要疾，擰腰調胯同時完成。

圖 73

6. 膝打（斬手）

【動作】乙踢、打甲下肢（圖74）。

圖 74

甲下防；同時上左步踏入乙中門，起右腿打出「斬手」式，攻擊乙襠、胸和下腭（圖75）。

【要領】上步要快、直入乙方中門，轉身、起腳、膝頂、肘撞、拳擊動作要同時完成。

圖 75

7. 足打（鷂子入林）

【動作】乙用直拳擊甲面部或胸部（圖76）。

圖 76

甲起右腳踢乙迎面骨（圖77）；同時左手上截、右腳下踩觸地；左掌隨之拉至左耳部；發右掌擊乙胸部或面部（圖78）。

【要領】前踢、擊掌、防護、右腳踢後下踩要上下合一，同時完成。

圖 77

圖 78

五、心意門實戰技藝變化歌訣

心意六合拳藝中變化，為心意門單式拳把實戰運用之轉接。心意門人稱之謂「變藝」、「套藝」。當拳法技藝盤練得心應手之時，自心而生，隨意而發，心為意之體，意為心所用，舉一而反三，陰復陽轉，奧妙自會橫生無窮。

下述歌訣的用途和特點是：轉接捷徑、勁道順達、法簡而明。

歌訣：起式六合熊出洞，

進步一掌擊正胸；

左掌緊隨右掌後，

掌觸之時肘上升。

【解】身成六合式。進步踏入敵之中門，使用「熊形單把」擊敵胸部。左手在後即可加力、又可防禦。如遇敵身高力強者，使用「單把」擊敵，同時速上挑肘尖，變藝成連掌帶肘，一齊擊發。

歌訣：過步箭竄猴豎堅，

墜手含頷置足前；

高起橫拳燕抄水，

墊步蹺膝敵更慘。

【解】束身防下後低進步用「橫拳」，由下向上撩擊敵之陰部或腹部；敵若防住我手或後退一步；我急速墊步隨上，雙手下按後翻擰手臂顧上；同時套藝打一把「斬手」，使敵陰部、胸部和下腭同時遭擊。

歌訣：裹橫之藝勢真賢，

戒告犯者禮學先；

若成寶劍抽出鞘，

裹者橫擊變肘尖。

【解】敵若攻擊我上體；我使用大劈之式將其雙腿、雙手裹住；隨之橫向發力，將敵擊出。將敵裹住之後，也可不將其橫向打出，而變藝使用「劍出鞘」式，用肘尖擊敵胸部、肋部，發穿透勁，使敵原地斃命。

歌訣：鷂子入林式真仙，

腳蹬掌擊上下玄；

掌落進起穗子把，

正中擊陰勢籌全。

【解】敵若直拳擊我面部；便可使用「鷂子入林」式防守反擊；上擊敵胸部或面部，下踢敵迎面骨；同時套藝「穗子把」擊敵陰部，使敵上、中、下皆遭擊。

歌訣：側身進步手撩陰，

顧上還須擰重心；

顧勢未盡又撩起，

熊形單把意存心。

【解】雞步「穗子把」擊敵陰部，左手擊後向上一衝，既顧下又擊上，上衝時，擰中節調整重心。擰中節同時，右手撩陰而起，隨之打出「熊形單把」。一式三招，一氣呵成。

歌訣：雞步踩腿燕取水，

手形上翻梢節隨；

燕式道甕行遇滯，

下式變藝肚出捶。

【解】使用「雞步踩腿」擊敵腹部；敵若下防，順其力向下翻轉雙前臂，變藝成「雙抖把」，再擊敵腹部、胸部；同時連帶點頭藝撞擊敵面部。

歌訣：單抖把式藝相連，

奧妙盡存步法間；

妙一催二二催三，

勒馬停風其式鮮。

【解】此「單抖把」為馬形藝，其貴在顧法、打法、上法、追法，一氣呵成。藝在拳、肘、腳併用，同時擊敵。

歌訣：雄雞起鬥勢當先，

橫起順落跨步間；

起打落打各有式，

陰陽合聚克式仙。

【解】此為「起式把」。起為橫勁，藝在拳、肘、膝、腳同時擊人；落為順勁，藝在拳劈、肘砸、頭撞擊。

歌訣：雞步掂腿把敵攔，

夜馬闖槽滿力鑽；

鷂子入林斜展翅，

燕子抄水又升天。

【解】「雞步掂腿」一式為截法。截敵後步入其中門，用「雙抖把」擊其陰部、腹部和面部；並可視敵距離遠近分別變藝使用「鷂形」或「燕形」。使用「雞步掂腿」之截法，須依側身顧左右，反身能顧後為變藝、套藝原則。

歌訣：轉身挑領藝中空，

墜肘墊步斬捶中；

勢如硬開三簧鎖，

就是神仙也難躲。

【解】若用「挑領」未擊中敵手，而自己胸、肋亮開時；死中反活之法，為速含胸拔背，手肘下沉下劈；同時變藝起用「斬手」式，硬衝硬打，硬起硬進，使敵陰部、胸部、下腭同時遭擊。

歌訣：雞步趟腿搖閃打，

肘觸展身中節拔；

三度聽嗡鷹捉藝，

下拽只恨天不塌。

【解】使用「搖閃把」攻擊敵手；敵若格擋攔截，速變藝套「三度聽嗡把」擊敵之下腭和胸、腹部。變藝之成敗，關鍵在於向下撕拽之式有恨天不塌之意念，在心意門中通稱「恨天無把」。

第四章

心意門古傳套路盤藝圖解

心意門秘籍

一、心意四把捶

心意四把捶是心意門中的一個重要套路，素有短拳之稱。拳勢簡樸，技擊性強，是擅長爆發內勁的優秀傳統套路之一。

盤藝圖解

1. 熊出洞（六合式、輕步站、侵撲站）

左腳在前，身向右側，整體下蹲，兩腿彎屈、前後相套，雙手抱置胸前（也可左手護右腮、右手護胸前）。

要求沉肩墜肘，含胸拔背，勢如背鍋，谷道上提，舌頂上腭，兩眼平視（圖79）。

圖 79

2. 虎撲（三尖照）

左腳向前上一大步成左弓步；同時兩手下按，右掌心向下，左掌心向右；右掌按至襠前，左掌下落至左腿內側；使鼻尖、膝尖、腳尖成一直線（圖80）。

3. 過步箭竄

右腳向前邁進一大步，緊接著左腳過步至右腳前。過步時兩肘護肋，手護胸。

4. 猴豎臀

左腳尖上翹、腳跟略觸地；右手握拳落至右腿外側；

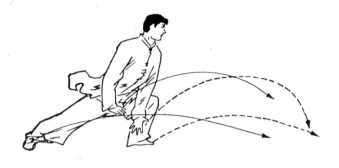

圖 80

左手變掌貼置左小腿內側；右腿盡力下蹲，腿彎、臀部、腳跟成一直角（圖81）。

5. 打橫拳（頭拳）

左腳前上一大步成左弓步；同時左掌五指炸開；右手握拳，由下向上撩打；左掌與右拳相合，高與胸平（圖82）。

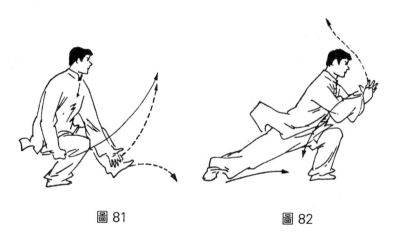

圖 81　　　　　　　　圖 82

　心意門秘籍

6.鷂子入林

右拳變掌，雙掌同時外擰；左掌伸至頭上方，掌心朝右後；右掌置左腿外側，掌心向外，身向右後轉，重心移至左腿；隨轉體右腳尖上翹、腳跟微觸地（圖83）。

7.上步撕拽

上左步隨之上右步、右腳置左腳前；同時左手下落至襠前，掌心下按；右臂上伸至頭前上方，掌心向左；重心置於左腿，右腳尖點地（圖84）。

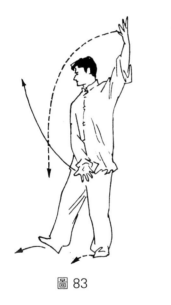
圖83

圖84

8.勢如劈竹〔沉劈〕

右掌猛然向下沉劈；左腿隨之盡力下蹲；右腿屈膝、腳跟略離地，腳尖上翹。右掌下劈至右腿內側，五指炸開，掌心向左，貼置右小腿和腳心；左手當右掌下劈時交叉上升至右腮旁，五指炸開，掌心朝面部（圖85）。

9. 挑領

左腿盡力猛向上蹬起；右腳向前上一大步成右弓步；右臂在身體上起時，由下向上、向前發崩抖勁挑起，置頭前上方，掌心向後上方，指掌分開，臂上挑略過頭；左掌在右臂上挑時下按至襠前，掌心向下，五指炸開朝前（圖86）。

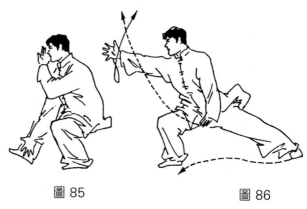

圖85　　　　　　　圖86

10. 鷹捉

重心移至右腿；左腳上步同右腳併齊；同時，左手從下向上同右手交叉上舉，自頭頂前上方翻掌推出，均成掌心向外；右手在前上，左手在後下，雙掌相合，十指炸開，左手小指壓置右掌虎口處。掌高過頭，含胸、扣肩、拔背，兩眼從雙掌之下、兩臂之間窺視前方（圖87）。

11. 虎撲

左腳向前上一大步成左弓步；上體前傾，鼻尖、膝尖、腳尖隨左腳上步成一直線。雙掌在上步的同時，從上撕拽而下；右手在後落至襠前，左手下落貼至左腿內側，雙掌掌心向下（圖88）。

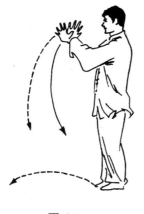

圖 87　　　　　　　　圖 88

12. 過步箭竄

13. 猴豎臀

14. 打橫拳

15. 鷂子入林

16. 上步撕拽

17. 勢如劈竹（沉劈）

18. 挑領

19. 鷹捉

20. 虎撲

動作與第 3～11 式相同，惟方向相反。

21. 過步箭竄

22. 猴豎臀

23. 打橫拳

動作與第 3～5 式相同，惟方向相反。

24. 斬手

(1) 重心移至右腿；左腳向後退一步，同時向左後轉體

180 度；**轉體後速提右膝，腳尖上勾；右手握拳從襠前提起上衝，左掌掌心與右拳相合**（圖 89）。

圖 89

(2) 右腿向前落地，成右弓步；同時右拳向內擰轉，拳面猛向下栽；左掌貼置右肘內側，五指炸開；兩眼平視（圖 90）。

圖 90

25. 懷抱頑石

(1) 左腳邁過右腿，橫進一步成剪步，側身盡力下蹲；同時雙手交叉上抬過頭後，分左右下落至兩胯側，兩掌心向上（圖 91）。

(2) 右腿向右前方上步，左腳跟進，雙腳併齊；同時兩手如懷中抱石托至胸前。

26. 雙推把

兩掌隨左腳落步從胸前同時向前推出，十指炸開，兩拇指緊合相扣（圖 92）。

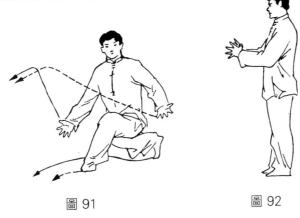

圖 91　　　　　　　圖 92

27. 鷹捉

28. 虎撲

動作同第 10～11 式。

註：心意四把捶結束動作為「鷹捉虎撲」。用「虎撲」收勢時須吐發「口意」聲，即為「雷聲」。

二、心意十形七拳

「十形七拳」，是心意門秘傳套路。它模仿「十大真

形」之神態，按陰陽、剛柔之規律而構成。其特點為：內外兼修、攻防兼備、剛柔相濟，拳勢運動先慢後快，慢如緩緩流水，快如弓滿斷弦。心意門由於歷代對盤拳練藝之功法守口如瓶，故而該拳的盤練方法鮮為人知。

盤藝圖解

1. 起勢（拴馬樁）

立正；兩眼平視前方；繼而右腳向後退半步「震腳」下落，身體盡力下蹲；左腳前掌抬起，雙腿彎相套；同時左手擺至襠前，右手擺至右腿外側，雙手握拳（圖93）。

2. 雞形

(1) 左腳向前上一大步，左手提至胸前向外攔擋；同時急上右步，提膝，腳尖上勾；右手握拳，拳心向內，由下向上打「沖天炮」至同鼻高；隨後拉至右耳旁，拳心向外，上體向右擰90度；右臂置右後方平懸，肘尖向外上方；左手攔擋後，隨著右拳上衝屈肘，握拳置於頸前平懸，拳心向下，肘尖向前（圖94、95）。

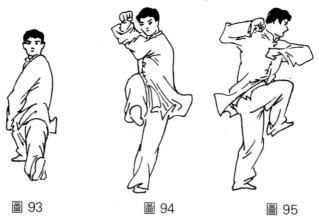

圖93　　　　　圖94　　　　　圖95

(2) 右腿下落成馬步；同時右臂屈肘沉落至胸前，拳心向內，拳面與下頷同高；左拳收至左肋旁，拳心向上（圖96）。

(3) 重心移至右腿，身體左轉並下蹲，兩腳前後相距半步，腿彎相套；雙掌十指炸開，掌心向前，右手護左肘（圖97）。

圖96

【用法】此雞形，名「起勢把」。取雞有爭鬥之勇、獨立之能。藝在起把即拳打、肘打、膝打、足打一式四招，一氣呵成；落把為肘打、手打。

3. 龍形

(1) 左右掌收至腹前，上體向右擰，而後進左步；左手向左前方平撥攔，掌心向外；然後進右腳，身體左擰 90 度，右掌隨進右步下落至襠前；同時左掌上升至右腮旁；

圖97   圖98

同時左腿向右腿後插步成剪步（圖 98）。

　　(2) 右拳和左掌相合；兩臂肘抬平，向左後猛擰中節轉體 360 度；雙腿交叉下蹲，右肘尖在前（圖 99）。

　　【用法】 此龍形，名「龍形滾橫」。取龍有束身之法，游身之前，升降之巧。藝在肘打、手打、腳打。

　　4. 虎形

　　重心移至右腿；雙掌下按至腹前；雙肘夾肋，十指炸開，兩拇指緊合相扣，進左步成左弓步；同時雙掌從腹前提至胸前，再向前推出，掌與胸平（圖 100）。

　　【用法】 此虎形，名「虎撲雙把」。取虎有撲食之勇。藝在手打。

圖 99　　　　　　　　　　　　圖 100

　　5. 蛇形

　　(1) 右腿蹬地，左腳進步；左手向左前下方沉劈，右腳跟至左腳後成彎套彎腿；同時右掌沉劈至左膝部外側；右掌下劈時左掌上升至右腮旁，掌心向內（圖 101）。

（2）進右步成右弓步；同時右臂向前上方橫直挑起，與面部平；左掌隨之下按至襠前（圖102）。

【用法】此蛇形，名「迎面貼臂」。取蛇有撥草之能。藝在肩打、肘打、手打、腳打。

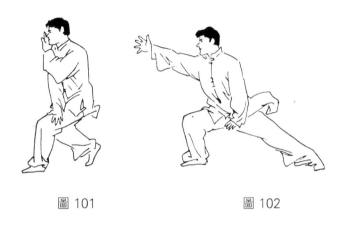

圖101　　　　　　　　圖102

6. 燕形

（1）進左腿至右腳前，重心移至右腿後盡力下蹲，左腳尖上翹，腳跟微觸地；左掌隨上步貼置左腳心內側；右掌變拳置於右腿外側（圖103）。

（2）上左步成左弓步；同時右拳由下向上撩至與鼻平，左掌五指炸開，與右拳相合（圖104）。

【用法】此燕形，名「橫拳」。取燕有取水之巧。藝在向上撩打。

7. 鷂形

（1）重心收至右腿，雙掌護置胸前，進左步、出左掌、向左前方下按；隨即上右步，身體右擰90度成右弓步；同時右手由上向左下，斜落至左膝外側，掌心向內；同時

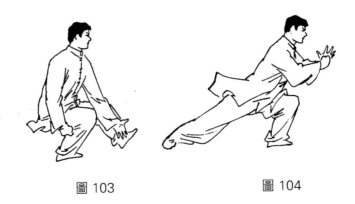

圖 103　　　　　　　圖 104

左掌上升至右腮旁（圖 105）。

　　(2) 左手下按至襠前。右臂盡力橫向外展，掌心斜向前上；同時也可變藝為右肘尖前頂（圖 106）。

　　【用法】此鷂形，名「鷂子栽膀」。取鷂有入林之巧。藝在肩打、頭打、手打、肘打。

圖 105　　　　　　　圖 106

心意門秘籍

8. 馬形

(1) 重心移至右腿，身體右轉 90 度（變方向朝起勢方位運行）；左腿前、右腿後，兩腿彎相套。隨轉體雙手下按至左腿兩側變拳，拳心向上（圖 107）。

(2) 重心移至右腿，右腳猛蹬地進左步，右腳緊跟半步至左腳後；同時雙拳由下向上擰出，拳面向上，雙肘夾肋，頭略向前點撞（圖 108）。

【用法】此馬形，名「雙抖把」。取馬有奔騰之功，過蹄之能，踏撞之力。藝在頭打、手打、膝打。

圖 107

圖 108

9. 熊形

右腳前上一大步；同時右掌五指炸開（也可變掌為拳），從胸前發出；左掌貼右掌腕背部加力。右腳、右掌在前，上體微向左側身，雙腿彎屈（圖 109）。

【用法】此熊形，名「單把」。取熊有豎頸之力，防守之能。藝在手打、肘打。

10. 猴形

左腳向左前方上步，雙掌十指炸開，拇指相扣、向前推出；繼而重心移至左腿，提右膝；同時雙掌拉回，右掌收至右肋側，掌心朝上；左掌收至右腮旁，掌心向內；左臂屈肘，肘尖與右膝尖、腳尖成垂直一線（圖110）。

圖109　　　　　　圖110

【用法】此猴形，名「猴形撲懷」。取猴有攀登之巧。藝在肘打、膝打、足打、手打。

11. 鷹形

右腿向後橫掃落地；同時雙掌炸開，右掌在前；雙掌立起向前推出，成左弓步（圖111）。

【用法】此鷹形與猴形合演，名「上步倒打把」。

圖111

取鷹有捉拿之精。藝在手打、足打；並可變藝用右肘盤打。

12. 頭打（一頭碎碑）

(1) 上右步屈右肘，向左後轉體 180 度，右腿向後撩擊後落地變方向；重心移至右腿，兩腿彎相套；雙手置胸前同「熊出洞」式（圖 112①）。

註：此式也可連接：後撩右腿，轉身變方向，同時兩手上起成「鷹捉」式。

(2) 雙手交叉上推至頭上方；十指炸開，左掌小指貼右掌虎口處，掌心向外上方（同前「鷹捉」式）；右腿一蹬進左步，雙掌隨上步由上撕拽而下置於襠前；頭隨手落向前衝點撞擊，身向下略蹲（圖 112②）。

圖 112①　　　　　　　　圖 112②

13. 肩打（熊調膀）

右腳上步，右手置右胯內側，右臂垂直向外擰轉；左手立掌置於右肩前，隨右步落，左腳緊跟半步至右腳後；同時擰中節發抖膀力（圖 113）。

14. 手打（背合掌）

左腿一蹬，進右腳成右弓步，隨步落雙掌相合，向前擊出；掌與胸同高，右掌拇指朝上，四指朝左；右掌掌指朝上，左右掌心相合（圖114）。

圖 113　　　　　　　　圖 114

15. 肘、胯、膝打（三度聽嗡把）

(1) 左腿一蹬，進右步，隨步落身向左擰90度；同時左手起至臉前，隨向左擰體拉至左耳後；右手握拳，由下向上衝拳屈肘抬至右耳後；雙手均五指炸開，置耳後方；左右肘抬平，兩臂盡力後展（圖115）。

(2) 重心移至左腿，身體猛向右擰；同時提右膝、勾腳尖；兩手隨之由上向下拉

圖 115

拽變拳落至右腿外側（圖 116）。

(3) 右腿向前落地成右弓步；同時上衝右拳後屈肘上挑；左手收至右肋旁，右拳置右腮邊（圖 117）。

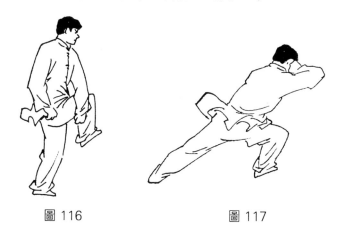

圖 116　　　　　　　　　圖 117

16. 足打（鷂子入林）

(1) 身體左後轉 180 度，成「熊出洞」式；繼而右腿勾腳尖向前蹬出；左、右手相合於胸前，左手在上（圖 118）。

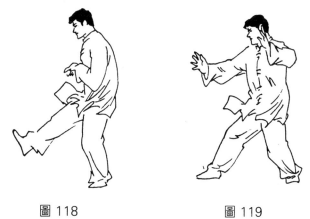

圖 118　　　　　　　　　圖 119

圖 120　　　　　　　　　　圖 121

(2) 右腳落地，同時右掌向前擊出；左掌經臉前格擋後拉至左腮旁（圖119）。

(3) 繼而雙臂圓展，左、右手外撐，掌心向外，身體略左轉，整體下蹲似成馬步（圖120）。此為過渡動作。

17. 地炮肘（拉錨斷繩）

(1) 雙臂抬平後，身體繼續左轉90度，左腿向右腿後插步成剪步；同時右掌變拳，左掌握右拳收至胸前（圖121）。

(2) 重心移至左腿，身體下蹲；同時左手握右拳助力，使右肘尖由下向右後上方挑擊（圖122）。

(3) 兩手握拳，步不移位，上體向左後轉體180度，腳下擰出兩個圓點（大擰中節式）；轉體的同時，兩拳由上向下砸落至左腿外側（圖123）。

18. 托陰掌

右腿上一大步，左腳隨之跟進半步，身體盡力下蹲，兩腿彎相套；同時雙掌推出，右掌提至小腹前，四指朝

圖 122　　　　　　　　　圖 123

左，拇指朝下；左掌由下向上托至敵陰部，四指朝下，掌
根朝上；兩掌相距約一掌，掌心均向外（圖124）。

19. 收勢（撩陰掌、穗子把）

左腿蹬地，右腳急進一步；同時身體左轉；左手向
左，右手向右撩擊。繼而雙手隨之上舉至頭上，再下按至
腹前，左腳隨手下按向右腳併攏（圖125）。

圖 124　　　　　　　　　圖 125

本拳運行路線示意圖

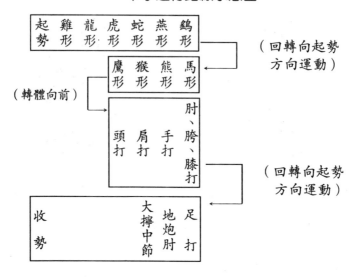

（回轉向起勢方向運動）

（轉體向前）

（回轉向起勢方向運動）

起勢 雞形 龍形 虎形 蛇形 燕形 鷂形

鷹形 猴形 熊形 馬形

頭打 肩打 手打 肘、胯、膝打

收勢 大擰中節 地炮肘 足打

三、心意六合劍

　　心意六合劍是心意門中極為保守的重要器械套路，以模仿「十大真形」之形態演變而成。全劍共分「十形」、「十路」，每形分左、右式直線運行。此劍招式樸實、技擊原理深奧、實用性極強，是心意門中優秀的傳統器械套路。

劍譜：劍勢四法說

　　劍譜曰：凡善劍者，即用劍四法。所云「四法」者，乃擊、刺、格、洗也。要求意到劍遂，隨機應變；順人之勢，借人之力；蹈人之虛，乘人之隙。相互連環，憑空擊舞，用之得當，則取勝如反掌耳。

擊法者有三：上擊、旋擊、斜擊。由上劈之下，上擊也。翻身擊之，乃旋擊也。左右擊之，斜擊是也。

刺法者有六：進刺、退刺、左刺、右刺、連珠雙手刺、換手刺。挺身刺者，乃進刺也。閃身刺者，乃退刺也。左刺，乃左翻身刺。右刺，乃右翻身刺。連珠雙手刺者，乃箭步雙手連連刺之。換手刺，乃雙手互換以刺也。

格法者有五「左格、右格、順格、逆格、沖天格。格者上挑也。左格，順手挑之。右格，反手挑之。順、逆二格，皆旁挑之。惟沖天格，以下直上挑之也。

洗法者有四：平洗、斜洗、上洗、下洗。洗者，乃劍鋒來往摩動也。平洗乃平摩。斜洗乃斜摩。上洗乃由上而下摩。下洗乃由下而上摩也。

劍藝圖解

註：(一) 彎套彎腿是心意六合劍中的重要步法。在該劍法盤練中，每形動作結束時均採用右腳進步，左腳緊隨其後的彎套彎腿。

(二) 每形動作結束時，持劍防上挑下成彎套彎腿。然後轉體180度(「大撐中節」式)，劍由右向左、由前向後、從頭頂翻身劈至左腿側前方。

(三) 承其轉體「大撐中節」式，繼續分左、右式盤練下形。

(四) 凡雙手持劍時，右手均為主把手，左手輔助加力。

(一) 起勢（大擰中節）

1. 身體立直，雙手抱劍置胸前，右手為主把手，緊握劍柄；左手合在右手之上，兩拇指放劍格上，兩臂撐圓；眼平視前方（圖126）。

2. 左腿向前上步成左弓步；同時雙手持劍使劍經體左側由前、向後、再向前畫圓刺出；而後再經體右側由前、向後、再向前畫圓刺出；雙臂伸直劈下，劍尖略向下。此式為防下反手劈上（圖127）。

圖 126

圖 127

3. 左腳回收與右腳併攏，左腳觸地的同時右膝提起；雙手抱劍收至胸前，劍尖朝上；雙臂圓撐，成金雞獨立，「朝天一炷香」式（圖128）。

4. 右腳向右側落下，左腳隨右腳下落成彎套彎腿（雞形步），身體右轉；同時雙手持劍防上而隨之轉身，由上而下、再向上撩起；左腳緊隨其後成彎套彎腿；劍尖斜朝上方（圖129）。

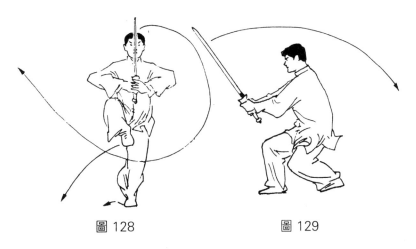

圖 128　　　　　　　　　圖 129

5. 雙手持劍向左後擰體（大擰中節）成彎套彎腿，劍從頭上方向左劈至左腿前下方；眼平視，劍尖朝下（圖130）。

此「大擰中節」式，專起銜接每形動作的作用。

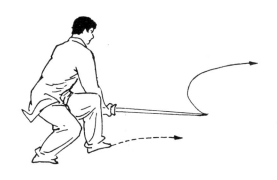

圖 130

(二) 雞形劍

1. 上左步成左弓步；雙手持劍同時向前刺出，與胸同高（圖131）。

2. 左腿回收成左提膝；同時，右手握劍向下摩洗拉至右胸前，劍尖向下；左掌附於右腕；目視左前方（圖132）。

3. 左腳向前方落地；同時右腿緊跟上，雙腿彎屈併齊，右腳尖點地；雙手持劍由下向上刺出（圖133）。

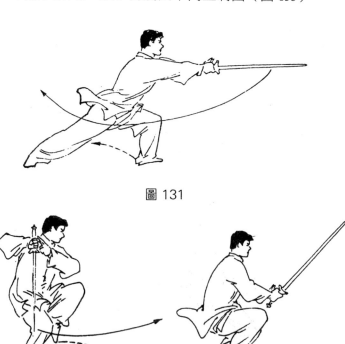

圖 131

圖 132   圖 133

4. 上右腿成右弓步；雙手持劍前刺；然後收右腿至左腿前。動作左、右相同，接連不斷。

(三) 龍形劍

1. 上左步成左弓步；雙手持劍在上步的同時向前方刺出（圖134）。

2. 右腿插於左腿後成剪步；同時雙手持劍，使劍經體右側由前向後繞環，向前下方劈下；然後向右後速轉體360度，成彎套彎腿（圖135）。

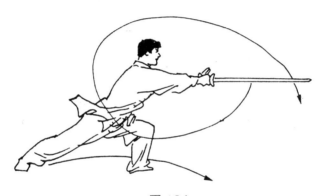

圖 134

圖 135

3. 右腿提起，雙手握劍收至小腹前；同時劍尖向右畫圓（圖136）。

4. 右腳前落一大步觸地，左腿緊隨其後成彎套彎腿；同時劍向前方刺出（圖137）。

5. 上右步成右弓步；同時雙手持劍前刺；然後左腿從右腿後插進成剪步；同時劍下劈至右腿前，繼而雙手持劍平抹，向左轉體360度。動作左、右相同，接連不斷。

圖 136

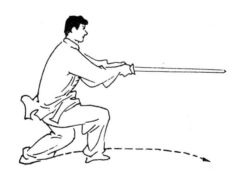

圖 137

(四) 虎形劍

1. 進左步成左弓步；同時雙手持劍向正前方刺出（圖138）。

圖 138

2. 右腳上步，左腳緊跟半步至右腳後，成彎套彎腿；同時雙手持劍，劍尖向右畫圓，隨之刺出（圖139）。

圖 139

3. 進右步，再急過左步，成彎套彎腿；左腳在前；過步時劍尖向左畫圓後，隨步落而刺出。動作左、右相同，接連不斷。

(五) 蛇形劍

1. 上左步，右腳緊跟半步至左腳後成彎套彎腿；同時劍向前下方劈砍至左腿前（圖140）。

圖 140

2. 右腳向前跨一大步，左腳緊跟至右腳後，成彎套彎腿；同時雙手持劍，由下起向右側前撩挑，雙臂伸直，劍尖斜朝上（圖141）。

3. 左腿蹬地仍進右步，左腳跟進半步成彎套彎腿；同時劍由下向左向上繞轉反手擊出，落至右腿前（圖142）。

4. 上左步，劍由下向左前方挑起。動作左、右相同，接連不斷。

圖 141

圖 142

(六) 燕形劍

1. 左腿向前上步成左弓步；同時，劍由下向上畫圓劈至胸前；雙臂前伸，雙手持劍（圖 143）。

2. 左腿收至右腿前，腳尖上翹、兩腿盡力下蹲；同時，雙手持劍由前向後、向前下方劈至左腳前（圖144）。

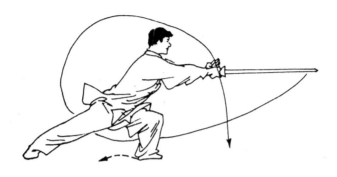

圖 143

圖 144

3. 左腳前跨一步成左弓步；同時雙手持劍隨上步而向上挑擊（圖 145）。

4. 右腿上步成右弓步；同時劍從體左側由下向後經上劈至胸前方（圖 146）。

5. 右腿收至左腿前，兩腿下蹲，右腳尖上翹；同時雙手持劍下劈至右腳前；然後上右步成右弓步；雙手持劍隨上步而向上挑擊。動作左、右相同，接連不斷。

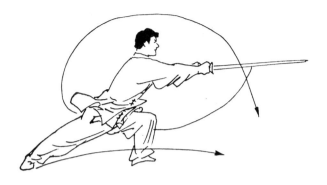

圖 145

圖 146

(七) 鷂形劍

1. 上左步成左弓步；同時雙手持劍向前方刺出（圖147）。

2. 右腳插至左腿後成剪步，上體右擰；同時雙手持劍使劍經體左側由前向下、向後洗抹至左膝前下方（圖148）。

3. 身體下蹲、上體向右翻轉 180 度；劍經體前向上、過頭後向下畫圓劈落至右腿前（與「大擰中節」式略同）；右腳在前，兩腿彎套彎（圖 149）。

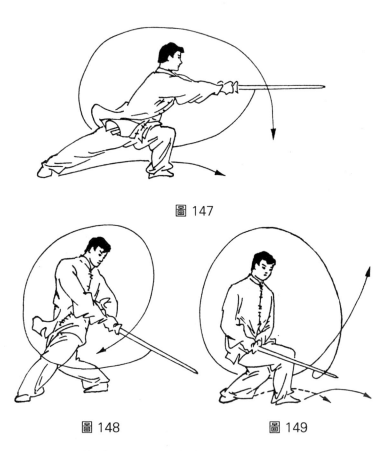

圖 147

圖 148　　　　　　　圖 149

4. 右腿進步，左腿緊隨其後成彎套彎腿；同時雙手持劍由下向上挑擊（圖 150）。

5. 再進右腿，左腿仍緊隨其後；同時劍向左畫圓反手擊出（圖 151、152）。

6. 向右前下劈劍，同時左腿向右腿後插步成剪步；然後向左翻身轉體 180 度「大擰中節」，劍畫圓劈下；動作左、右相同，接連不斷。

圖 150

圖 151

第四章 心意門古傳套盤藝圖解

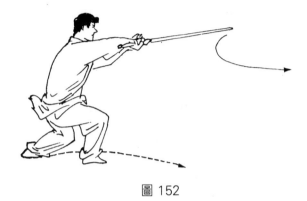

圖 152

(八) 馬形劍

1.上左步成左弓步；同時雙手持劍向前平刺，與胸同高（圖 153）。

圖 153

2.右腿上步至左腿前，隨後左腿急過右腿（「過步箭
竄」）；同時劍收至小腹前，待左腳觸地時，劍由下向上
擰刺而出（圖154）。

3.右腿上步成右弓步；同時劍平向前刺出，與胸同高
（圖155）。

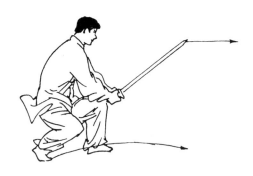

圖 154

圖 155

4.左腿上步腳觸地；隨之右腿急過左腿，步落之際雙手持劍由下向上刺出。動作左、右相同，接連不斷。

(九) 熊形劍

1.上右步，左腳緊跟進半步至右腳後，成彎套彎腿；右腳觸地的同時，劍向前平刺（圖156）。

2.右腳上半步，左腿上步至右腿前，隨之右腿上前一步；同時劍向前刺出（快三步）。此式只有右式，而無左式，動作連續不斷。

圖 156

(十) 猴形劍

1. 右腳上步成右弓步；同時雙手持劍向前刺出（圖157）。

2. 右步回收；左腳上步至右腳前，重心移至右腿；左腳跟略觸地、腳尖上翹，兩腿盡力下蹲，成彎套彎腿；同時劍向上洗，拉至胸腹前（圖158）。

3. 左腿前跨一步，成左弓步；同時持劍撛腕向前旋擊而平出（圖159）。

4. 回收左腳、右腿上步至左腿前，身體盡力下蹲，雙腿彎相套；右腳跟輕微觸地、腳尖上翹；然後上右步成右弓步；同時持劍撛腕向前旋擊而平出。動作左、右相同，接連不斷。

圖 157

圖 158

圖 159

心意門秘籍

(十一) 鷹形劍

1. 進左步、右步緊隨其後成彎套彎腿；同時向左擰中節；雙手持劍提至左耳旁（圖160）。

2. 右腿猛蹬地，仍進左腿成左弓步；同時雙手持劍由上向下、擰把劈至左腿前（圖161）。

3. 上右步，上體向右擰中節，兩腿彎相套；而後左腿猛蹬仍進右腿；同時劍由上向下、擰把劈至右腿前。動作左、右相同，接連不斷。

圖 160

圖 161

第四章 心意門古傳套盤藝圖解

(十二) 收 勢

1.「大擰中節」劈劍之後，重心移至右腿成右弓步；同時劍交至左手置背後，右臂上舉（圖162）。

2.左腿向右腿靠攏成立正；同時左手持劍經上向前下落至胯前，右手下落至右腿外側（圖163）。

圖162

圖163

第五章

少林心意把圖解

心意門秘籍

一、少林心意把

少林心意把，俗稱「把頭」。本人所習之少林心意把是呂學禮先生所授。

據呂師所述：「心意把為十二大勢，十二種變化，共計二十四把。『起式把』為心意把之母，再變不離其宗。」今世人對十二大勢盡知者鮮，本人所練之少林心意把與現今河南嵩山少林寺武僧德建所習心意把相較，略有差異。但總體而言，基本一致。

以下所述，為本人所得之六式「把頭」。

(一) 起式把

1. 預備勢：

左腳在前，身向左側，眼平視前方，整體盡力下蹲，雙腿彎相套；左手握拳，臂垂直護置襠部，拳心向內；右手握拳，臂垂直置右腿外側。

2. 左腳前進一步，右腳緊跟半步；隨後左腳前進一步，右腳緊跟半步（俗名：抬轎步）。

3. 在進左腳的同時，左手立掌從襠部提起向外撥攔，隨之屈臂變握拳上抬至下腭前，拳心向下，肘尖平懸於正前方；同時右拳由下向上衝拳後順勢向右後擰中節，拉拳、屈臂置於右耳旁，拳心向外，肘尖朝前，臂懸平；隨左腳進步的同時，右腿勾腳、屈膝上提。

4. 右提膝不動。左肘在前，兩臂平懸；上體向右擰中節，.使左肘尖與右膝尖、右足尖垂直；兩眼平視。

5. 提起之右腿向前跨一大步落地；隨之全身下蹲、束

身緊湊、成彎套彎腿；兩手握拳，隨身落、步落，用拳輪向下劈砸；左拳收至肋部，右拳砸至右膝上方。

6.繼而撥右手，上衝左拳、提左膝變左式。左、右動作相同，直線運行，接連不斷。

(二) 左右把

1.預備勢同前。左腳前進一大步，左手向上滾掌至頭頂上方，掌心向外；同時右腿勾腳、提膝；右拳拳心向內，屈臂上衝至左掌下方。

2.上肢不動。右腿盡力向前落步，急過左腳、再急過右腳成右弓步（俗名：快三步）；隨落步雙手握拳由上向下劈砸；右拳劈至右腿內側，左拳砸至襠前；右肩尖與右膝尖、腳尖垂直；兩眼平視。

3.繼而上翻右掌至頭上方，提左膝、上衝左拳，變左式。左、右動作相同，直線運行，接連不斷。

(三) 鑯頭把

此把為「左右把」之變化。

1.預備勢同前。左腳前進一步，右腿隨之勾腳、提膝；同時左手立掌向外撥攔；右手由下向上衝拳後屈臂拉至右耳旁懸平，拳心向外，肘尖至右耳後上方；左掌隨之立掌向前推出。

2.右腿向前躍一步；左腳隨之跟上成彎套彎腿；同時兩拳由上向下劈砸；右拳置右膝上方；左拳收至左肋側。左、右動作相同，直線運行，接連不斷。

(四) 虎撲把

1. 預備勢同前。進左步，左手立掌向外撥攔，隨之右腿勾腳、提膝；右拳上衝拳後屈臂拉至右耳旁懸平；左掌撥攔後、握拳抬至下腭前，左臂懸平、肘尖朝前。

2. 右腿震腳下落；同時左腿勾腳、提膝（俗名：勾連腿）；雙手變掌，隨之下按至右腿外側；上體向右後擰中節，面向左側，雙眼平視。

3. 左腳前上一大步；同時，身體由低而高；左掌上滾手，掌心向外升至頭前上方；右腿隨之勾腳、提膝，右拳上衝至面前，拳心向內。

4. 右拳變掌，兩掌同時由上向下拉拽至右膝兩側。

5. 右腿前跨一大步成右弓步；同時雙掌成虎爪向前推撲而出。

6. 繼而撥攔右掌，上步提左膝，上衝左拳變左式。左、右動作相同，直線運行，接連不斷。

(五) 撩陰把

1. 預備勢同前。進左步，滾手上翻掌至頭前上方；右掌掌心向內，四指朝下，隨左腳觸地而上撩。

2. 左腳進半步；右腿隨之勾腳、提膝；同時左掌變拳落至腹前，右拳反背前擊至面前。

3. 右腿懸空向前下方一蹬，雙臂隨之屈肘成「吊耳捶」。

4. 右腳向前落步，雙臂隨之握拳向下劈砸；兩腿隨即下蹲成彎套彎腿；右拳落至右膝上方，左拳收至肋側。

左、右動作相同，直線運行，接連不斷。

(六) 偎身把

1. 預備勢同前。左腳進一大步；同時左拳向上衝拳後屈臂拉至左耳旁，右臂屈肘抬平向前盤打，肘尖朝前、拳心向下至下腭前（俗名：吊耳捶）。

2. 右腿蹬地，仍進左腳、身體隨之向前一縱；當左腳觸地的同時，右腿勾腳、提膝；雙拳隨之向斜下方劈砸；上體向右後擰中節，兩拳砸落至右膝外側。

3. 右腿向前落一大步成右弓步；同時左手立掌護置右肘；右臂上衝拳後屈肘上挑，右拳置右耳旁，拳心向內。

4. 繼而上右步成「吊耳捶」式；縱身提左膝變左式。左、右動作相同，直線運行，接連不斷。

二、嵩山少林武僧演練之心意把圖解

(一) 預備勢

兩腳開立，與肩同寬；挺胸豎項，兩手貼靠腿兩側，掌心朝後，咬牙叩齒；目視左方（圖 164）。

(二) 撅頭把（十二把）

身體略左轉，屈膝下蹲，左腳前點、兩膝相扣成左虛步；同時，雙手左拉右墜，分別護於襠前和心前，拳心朝裡（圖 165）。

左腳前點後向前跨一步；右腳隨之勾腳、屈膝提起；左拳提至胸口；右拳繞過左臂向上拉至右耳旁（猶如提

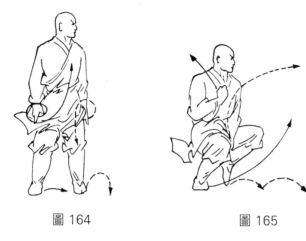

| 圖 164 | 圖 165 |

籃）；拳心朝前，左拳變掌，立掌朝前推出，口發嗯聲
（圖166）。

　　右腳向前落地，左腳跟步，兩膝相扣，下蹲成彎套彎
步；與此同時，左掌變拳上提，兩拳呈鋤頭式；隨右腳下
落、雙拳劈下，口發嗯聲，猶如農人鋤地，俗稱鋤地把或
撅地把（圖167）。

　　註：此把為心意把之母。由此可變出「十二大勢」，
故又叫「十二把」。

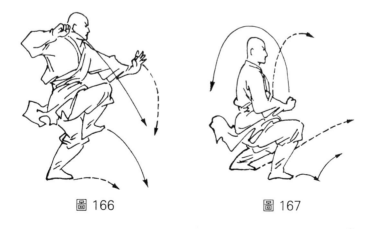

| 圖 166 | 圖 167 |

1. 亮翅把

右腳前點，雙腳向上、向前縱起；與此同時，雙拳變掌，在左胸前交叉後向兩側分撥，身體自然落下（圖168、169）。

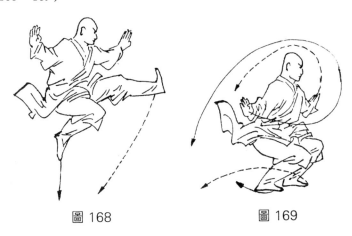

圖168　　　　　圖169

2.反身劈把捶

以右腳跟為軸，起身右後轉；同時，雙掌變拳上舉至左肩上方，待轉身180度後，直身下落，左腳在前，兩膝相扣；在直身下落的同時，雙拳用力劈下（圖170）。

3.進步劈把捶

右腿勾腳提起，雙拳上提至右肩上（圖171）。

右腳隨即向前跨一步下落，左腳跟步蹲身成彎套彎腿；與此同時，雙拳順勢用力下劈，拳輪朝下（圖172）。

圖170

4.移身把

身體左轉，左腿勾腳提起，左拳變掌隨轉身向外撥掌（如圖173）；轉身180度後，左腳向前跨一步，右腳跟上，直身下蹲；成右丁步；與此同時，右拳經頭頂畫弧下劈，拳輪朝下（圖174）。

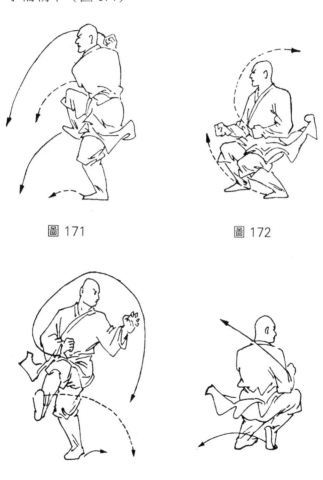

圖171

圖172

圖173

圖174

5．斜勢把

右腳踩地向後退一步，身體右轉成右弓步；左拳翻腕下拉，拳心斜朝上，右拳翻腕上提至右肩上，拳心朝後；目視左側（圖175）。

6．順勢把

身體左轉90度，成左弓步；兩拳變掌，左掌經腹前畫弧向前穿出，掌心朝上（圖176）。

圖175　　　　　　　　圖176

右腳向前跨出；兩掌在胸前交叉，掌心朝上（圖177）。

右腳下落，左腳跟步成右弓步；右掌掌心轉朝左，向前穿出，掌心再轉朝下，左掌掌心向上收於腰間；目視前方（圖178）。

7．反身推蒼把

身體左後轉成左弓步；隨轉身左掌上架，右掌立掌推出（圖179）。

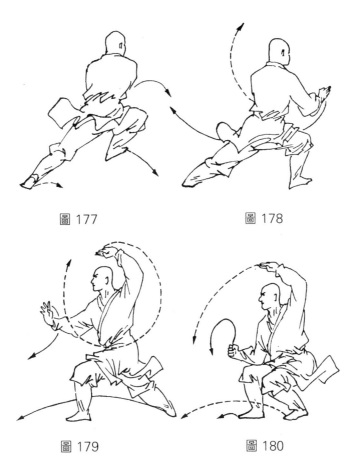

圖 177   圖 178

圖 179   圖 180

8·撩陰把

　　右腳前跨一步，左腳跟上成彎套彎腿；同時，左掌成
虎爪下落，經體前畫弧上舉復置頭頂；右掌變虎爪抓襠，
掌心朝前（圖180）。

9·騰挪把

　　左腳上步，右腳經左腿後倒退一步；身體右後轉，仍

成彎套彎腿；同時，雙拳上提至左肩上方，然後劈下（圖181、182）。

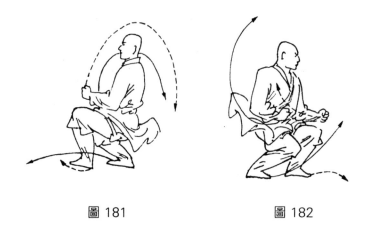

圖 181 圖 182

左腳向前上一步，右腿勾腳提起。兩拳上提至右肩上，如鋤地狀（圖 183）。

右腳跺地，左腳前伸，身子直落；兩拳隨之劈下（圖184）。

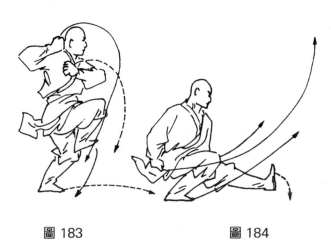

圖 183 圖 184

右腳蹬地起身，右腿勾腳提起；隨之雙拳由下向上提打（圖 185）。

右腳落地，左腳跟步蹲身成彎套彎腿。雙拳隨之劈下（如圖 186）。

圖 185

圖 186

10. 展翅把

以左腳為軸，身子右後轉；隨轉身雙拳掄起劈下（圖 187）。

左腳蹬地，身體縱起；雙拳變掌在胸前交叉後向兩面分撥，落地成併步；兩手合於膝前，左拳擊右掌（圖 188、189）。

圖 187

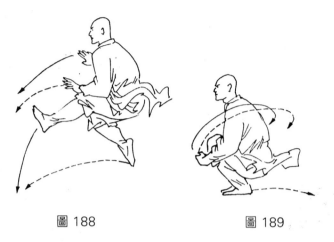

圖 188　　　　　　　　圖 189

11.推蒼把

　身體左轉，左腳後退一步成左弓步；兩掌隨之向右、向上、向下畫弧，置於腹前；然後身體右轉，左腳蹬地成右弓步；與此同時，雙掌由腹前向前上推掌（圖 190、191）。

圖 190　　　　　　　　圖 191

12．虎撲把

身體左後轉，右腳支撐，左腿伸直下蹲；雙掌隨轉身由上向下抓至胸前（圖192）；右腿蹬地，身體躍起；兩虎爪前抓，隨後身體自然下落（圖193、194）。

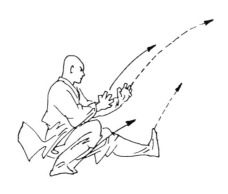

圖 192

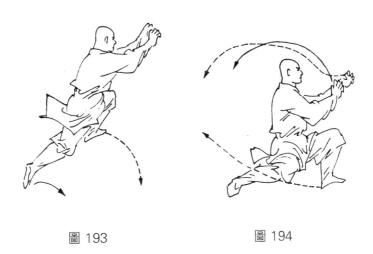

圖 193   圖 194

13·反勢結束

身體右後轉，左腿勾腳抬起；右拳提至胸前，拳心朝下；左拳上提至左耳側，拳心朝外（圖195）。左腳落地，右腳略前跟；雙拳劈下（圖196）。

圖195

圖196

第六章

心意門歌訣、拳譜

一、馬氏心意拳歌訣

(一) 武藝從來不亂傳，

無窮奧妙藏其間；
藝蓄蹲涮搖擰插，
踩撲裹束決外拿。
藝得不易難難難。
萬勿隨意撒世間；
如果尊公有師道，
真傳自會對吾言。
「噫」是打殺吼為令，
霹靂震川響雷聲；
內叫守洞塵技藝，
外稱心意六合拳。
戴李二師傳河北，
回族馬師落河南；
追源溯本岳武穆，
姬老先師從開元。

(二) 心意六合不亂傳，

無窮奧妙在其間；
若教狂徒無知漢，
惹禍招災保身難。

(三) 三節明後，五勁相佐；

　　踩撲裹束，惟決勿錯。

(四) 八勢之中，三節宜明；

　　手身及足，八梢中根。

(五) 學拳容易得藝難，

　　靈勁上身天地翻；
　　六合相聚人難躲，
　　遇人好似弓斷弦。

(六) 打法定要先上身，

　　手腳齊到才為真；
　　拳如炮形龍折腰，
　　遇敵好似火燒身。

(七) 用必七拳，頭肩肘手；

　　胯膝合足，相助為友。

(八) 打法歌訣（七拳歌）

　　頭打起意站中央，渾身齊到人難擋；
　　腳踩中門奪地位，就是神仙亦難防。

　　肩打一陰返一陽，兩手只在暗處藏；
　　左右全憑蓋勢取，縮長二字一命亡。

肘打起意劍出囊，寒光一閃人則亡；
盤沉橫挑變無定，莫發人亡其不詳。

手打起意在胸膛，其勢好似虎撲羊；
沾實用力須展放，兩肘只在肋下藏。

胯打陰陽左右邊，兩足交換須自然；
左右進取宜斂勁，得心應手敵自翻。

膝打要害能致命，兩手空晃繞上中；
金雞獨立勢妙用，強身勝敵樂無窮。

足踩正意勿落空，消息全憑後腿蹬；
蓄意須防被敵覺，起勢好似卷地風。

(九) 四梢歌

人之血、肉、筋、骨之末端曰梢。蓋髮為血之梢，舌為肉之梢，牙為骨之梢，爪（甲）為筋之梢。四梢用力，則可變其常態，能使人生畏懼焉。

肉梢：

舌卷氣降，雖山亦撼，肉堅似鐵；
精神勇敢，一言之威，落魄喪膽。

血梢：

怒氣填胸，豎髮衝冠，血輪速轉；
敵膽自寒，髮毛雖微，摧敵不難。

骨梢：

有勇在骨，切齒則發，敵肉可食；

眦裂目突，惟齒之動，令人恍惚。

筋梢：

虎威鷹猛，以爪為鋒，手攫足踏；

氣勢兼雄，爪之所到，皆可奏功。

(十) 六合歌

身成六式：雞腿、龍腰、熊膀、鷹捉、虎抱頭、雷聲。

六合者：雞、龍、熊、鷹、虎、雷。心意拳之身法，六形合為一體。又內三合：心與意合，意與氣合，氣與力合。外三合：手與足合，肘與膝合，肩與胯合，是為六合也。

二、心意門拳譜《六合十大要序》

一曰「三節」

舉一身而論之，則「手肘為梢節。腰腹為中節，足腿為根節」。然分而言之，則「三節」之中，亦各有「三節」也。

如手為梢節之梢節，肘為梢節之中節，肩為梢節之根節，此梢節之「三節」也。

頭為中節之梢節，心為中節之中節，丹田為中節之根節，此中節之「三節」也。

足為根節之梢節，膝為根節之中節，胯為根節之根

節，此根節之「三節」也。

總之，不外乎起、隨、追而已。蓋梢節起，中節隨，根節追之，庶不致有長短曲直，參差俯仰之病，此「三節」之則，所以貴明也。

二曰「四梢」

「四梢」者：「髮為血梢，甲為筋梢，牙為骨梢，舌為肉梢」。必使其髮欲衝冠，甲欲透骨，牙欲斷筋，舌欲摧齒。心一顫而四者皆至。

「四梢」齊，而內勁出矣。蓋氣從丹田而生，如虎之狠，如龍之驚。氣發而為聲，聲隨手落，一枝動，百枝搖，則四梢齊，而內勁無不出矣。

三曰「五行」

「五行」者，「金、木、水、火、土」是也。內對人之五臟，外應人之五官。心屬火，心動勇氣生；肝屬木，肝動火焰衝；脾屬土，脾動大力攻；肺屬金，肺動沉雷聲；腎屬水，腎動快如風。此五行存之於內也。目通於肝，鼻通於肺，耳通於腎，口舌通於心，人中通於脾，此「五行」現之於外也。故曰：五行真如五道關，無人把守自遮攔，此真確論也。

其所當知者，如手心通心屬火，鼻尖通肺屬金，火到金化，自然之理也，餘可類推。天地交合，雲蔽日月，武藝相爭，先閉「五行」。

又曰：四兩可以撥千斤，閉己之「五行」，即以克人之「五行」，此與「四梢」法相參。

四曰「身法」

身有八法:「起、落、進、退、反、側、收、縱」而已。夫起落者,起為橫,落為順也。進退者,進步低,退步高也。反側者,反身顧後,側身顧左右也。收縱者,收如伏貓,縱如放虎也。大抵以中平為宜,以正直為妙,與「三節」法相合,此又不可不知也。

五曰「步法」

「步法」者:「寸、踮、過、快、濺」也。如二三尺遠,則用寸步,寸步一步可到也。若四五尺遠,則用踮步,必踮一步方能到也。若過身大力強者,則用過步,即進前腳,急過後腿。

所謂步起在人,落過於人也。如有一丈八尺遠,則用快步。快步者,起前腳而帶後腳,平飛而去。濺步者,並非跳躍而往也,此馬奔虎竄之意也。非藝成者,不可輕用,惟遠不發腳而已。

如遇人多,或有器械,即連腿帶腳並濺而上,進前腳帶後腳,如鷂子鑽林、燕子取水,所謂踩腳而起之說也。學者隨便用之,習之純熟,用之無心,方盡其妙也。

六曰「手法」、「足法」

「手法」者:「出、領、起、截」也。當胸直出者,謂之出手。勁稍發,有起有落,曲而非曲,直而非直謂之起手。勁稍發,起而落者,謂之領手。順起順落參以領搓者,謂之截手。但起前手,如鷂子鑽林,須束身束翅而

起。推後手，如燕子取水，往上一翻，長身而落。此單手之法也。兩手交互，拜起拜落，起如舉鼎，落如分磚，此雙手之法也。

總之，肘護心，發手撩陰起，其起如虎之撲人也。其落如鷹之捉物也。

「足法」者：「起翻落鑽，忌踢宜踩」而已。蓋腳起望膝，膝起望懷，腳打膝分而出。而其形上翻，如手之撩陰。至於落則如以石碾物，如手落之似拂眉也。忌踢者，腳踢渾身是空。宜踩者，如置物於足下也。即足落如鷹捉是也。此足之法也。手足之相同，而足之為用，如虎行之無聲也，龍飛之莫測焉，然後可也。

七曰「上法」、「進法」

蓋上法者，「以手為奇」；進法者，「以足為妙」。總之，以身法為要。其起手，如丹鳳朝陽是也。其進步，如前步搶上、搶下，進步後腳踩打是也。必三節明、四梢齊、五行閉、身法活、手足之法連，而視其遠近，隨其老嫩，一動而即至也。

然其方亦有六焉：「工、順、勇、疾、恨、真」也。工者，巧妙也；順者，自然也；勇者，果斷也；疾者，緊急也；恨者，忿怒也，動不容情。心一顫而內勁出也；真者，發定中見之真，而彼難以變化也。六方明，則上法、進法得矣。

八曰「顧法」、「開法」、「截法」、「追法」

「顧法」者：「單顧、雙顧、上顧、下顧、顧前後左

右」也。單顧者，則用截手。雙顧者，則用橫拳。顧上用沖天炮，顧下用臥地炮。顧前後，用前後梢拳，或用前後斬拳。顧左右，則用括邊炮或括身炮。此以隨機而用，非若他人之鈎、連、捧、駕也。

「開法」者：「開左、開右、硬開、軟開」也。硬開者，如前六勢之硬勁。軟開者，如後六勢之軟勁是也。左開用裡括，右開用外括。

「截法」者：「截手、截身、截言、截面、截心」也。截手者，彼先動而我截之也。截身者，彼身未動，而我先截之也。截言者，言露其意，而即截之也。截面者，彼面露其色，而即截之也，截心者，彼眉喜面笑，言甘貌恭，而我察其有心，而迎機以截之也。

上法、進法、追法一氣貫注，即所謂隨身緊湊，追風趕月不放鬆是也。彼雖欲走而不能矣，何患其有雜計邪術乎。

九曰「三性調養法」

蓋「眼為見性、耳為靈性、心為勇性」，此三性者，術中之妙用也。故眼中不時常循環，耳中不時常報應，心中不時常驚省，則精靈之意在我，庶不致為人所誤矣。

十曰「內勁」

夫內勁寓於無形之中，接於有形之表，而難以言傳，然其理亦可參焉。蓋志氣之帥也，氣體之充也。心動而氣即隨之，氣動而力即赴之，此必至之理也。今以功於藝者言之，以為撞勁者非也，功勁者非也。及謂抖勁、崩勁者

皆非也，殆顫勁是也。撞勁太直，而難起落；功勁太死，而難變化；抖勁崩勁太促，而難展招。惟顫勁出沒其捷，可使日月無光，而不見其形。手到勁發，天地交合，而不費其力。

總之，運於三性之中，發於一戰之頃，如虎伸爪不見爪，而物不能逃，龍之用力不見力，而山不能阻。如果上九法合而為一，而克人其有不利乎。

三、心意門拳譜《易筋經貫氣》

(一) 氣論序

自古相傳，有文事者必有武備。

凡學捶者，要明七拳、知三節、身如彎弓、手如藥箭、足蹬起似箭離弦。

手起莫往空裡落，遠進一丈步法奇，步位之法，精之到人間，能一思進，莫一思退。進步起勢把、翻身把、左右把如猛虎下山。兩手出洞入洞要隨身，身起足不起是枉然，足落身不下亦是枉然。

進步打莫留情，留情藝不成。剪子股、十字擒、虎撲鷹捉身四平。梢節不明難出變化，中節不明渾身是空，根節不明多出七十二般跌法。本心不明，勢徒勞心，亂行四梢，發施不知，尚遇凶禍難避。

吾能與人規矩，不能使人進攻得法。明了三心多一力，明了四梢多一精，明了五行多一氣。三回九轉一勢起，把勢不同法同，知其始終，死中反活，活中反死。勢精人間多一精，一精知其萬勢通，萬勢不要盡了終。勢占

中間難變化，揉定中門去打人，如蛇吸食閃路。勝騰挪而失正者不打，其遠者不打，先打顧法後打空。不見起、落，進打為何？

雖有智不如乘勢，又打外合法，又打上下合法，又打隨機應變合法。一枝動百枝搖，上下相連。雞爭鬥、虎擒羊，轉身四梢行似閃，連環一氣掩之打。

花勢雖明，不算武藝，遠近並濟，用與臨場，不定孰勢，隨高打高，隨低打低，或拳或把，望著就打。豈知武藝多術，絕口不談，惟惑亂人心，反悟身能戰，勇而無凶像。心平氣穩，血脈貫通，日積月累，循序漸進，成熟之後，三節、四梢不見，生於自然。

能交言語，莫交心，手到不如心到。心為君、四梢為臣，心為將、四梢為兵。君與臣、將與兵，共合一處自無不勝。學者立志慎哉。

歌曰：習藝如登萬重山，
　　　先生言語是指南；
　　　藝中若得無窮趣，
　　　只有功夫不間斷。

又曰：
　　　武藝真傳法無奇，
　　　起落縱橫立根基；
　　　身心難練用苦功，
　　　藝法雖深可盡知。

總之，武藝相傳，必思忠、孝、信、禮、義之人，方可傳授。逢殺家、捨友，行為不端者，寧可失世不可傳也。傳道得心，願習武藝之人為身小弱薄者一助云耳。

(二) 中氣論

中氣者，即先天之元氣。醫道所謂元氣者，以其居人身之正中，故武備名曰中氣，即先天真一之氣也。文練之則為內丹，武練之則為外丹，然內丹未有不借外丹而成者也。蓋動靜互根，溫養合法，自有結胎還原之妙。俗學不解中氣根源，手舞足蹈，欲入玄巧必不能也。

人自有生以來，稟先天之神以化氣，積氣以化精，當男子以□□□精初凝於丹田、沖脈、帶脈之中，前對臍，後對腎。非上、非下、非左、非右，不前、不後，不偏不倚，正居人一身之正中，稱天樞，號命門。即所謂太極是也。真陰真陽，俱存此中。神志賴之，呼吸依之，十二經、十五絡之流通也。此氣靈明，或盛或衰，非由功修何成諸狀。

今以人功，變弱為強，變短為長，變柔為剛，變衰為盛。易動也，身之利也，聖之基也，躋之地也。以氣為主，天地生物氣之所至。百物生長，內與外對，表與裡對。壯與衰對較，壯可敵也；內與外對較，外可略也。即孟子所謂氣大至剛，塞乎天地之間，是謂浩然之氣也。

一曰揉有定勢，人之一身左氣右血，凡揉之法，右邊推向於左，是蓋氣推入血，令其通融。又取胃居於左，令胃寬能多納氣。又取揉者，右掌有力，使用無窮。使人而咽之善者，大皆仙去，其法秘密，世人莫知也。初用功也，以輕為重，心宜意其力平也。功逾百日，其氣盈脯，天地之間，充塞周遍，然後才可迎送於外。蓋以根在內，由中送於外，有存之學也。內外兩全，方稱神勇。其功畢

矣，常宜錘煉，勿輕逸試。觀林中樹木，有大且茂者，是水土旺盛相之氣於外也。

(三) 陰陽轉接

天地之道，不外陰陽。陰陽轉接，出於自然。故靜極而動，陰斷乎陽也；動極而靜，陽斷乎陰也；推而至於四時，春、夏之後接以秋、冬，發生盡而收藏隨之，陰必轉陽，陽必轉陰，陰陽乃造化之生成也。故有去有生，生生不窮無有歇息。

人稟陰陽之氣一生，乃一小天地，其勢惟陰與陽轉接乘受，豈可不論哉。故高者為陽，低者為陰；仰者為陽，俯者為陰；正者為陽，側者為陰。勢高者落之一低，陽轉乎陰也。若高而更高，無可高矣，勢必不相連，氣必不相接。勢低者必起之以高，陰轉乎陽也。若低而更低，無可低矣，勢必不相連，氣必不相實。俯仰側正，曲伸動靜，無不皆然。惟有陽復轉陰，陰復轉陽，其一氣不盡，復催一氣以足之也。非陰盡復轉陽，陽盡復轉陰。明於此，則轉接有一定之勢，接落有一定之氣，無悖謬、無牽拉矣。蓋勢之為快，氣之流利，中無間斷也。一有間斷，則另起爐灶，是求快而反慢，求利反鈍矣。

(四) 行氣論

> 歌曰：任他勇猛氣總偏，
> 　　　此有彼無是天然；
> 　　　直截橫巧橫截直，
> 　　　一氣催二二催三。

156　心意門秘籍

又曰：

> 任他歸快是路遠，
> 守吾安然自黏連；
> 如問是謂何妙訣，
> 只在行氣一動間。

(五) 陰陽入核論

練氣不外陰陽，陰陽不明從何練起。先始之督脈，行於背之當中，統領諸陽經。任脈行於腹之當中，統領諸陰經，故背陽腹陰。二經上交會陽、下交會陰。一南一北、子午相對。

又如坎卦，陽居北之正中。離卦陰居南之正中，一定而不移也。故俯勢為陰勢，宜俯卻又入陽氣。蓋督脈領諸陽經之氣，盡歸於會陽上之前也。仰者為陽勢，卻入陰氣，蓋任脈領諸陰經氣，盡歸於會陰上之後也。

(六) 入陽附陰、入陰附陽說

以背為陽，大俯而曲，則督脈交任，過陽入陰，陽與陰相附也。大仰而曲，則任脈交督，過陰入陽，陰與陽相符也。陰推陽、陽推陰，循環無端，凡旋轉勢用之，以俯勢入陽也，不將陰氣扶起則偏於陽，必有領拉前跌之患。以仰勢入陰氣，不將陽氣扶起則偏於陰，必有掀翻後倒之憂。故俯勢出者，落點即還之以仰勢，使無偏於陰也。陽來陰送，陰來陽送，不偏不倚，無過不及，落點還原，所云「停」字。即是此法。

推而至於曲者，還之以伸；伸者，還之以曲；高者，

還之以低；低者，還之以高；側者，還之以正；正者，還之以側，以及斜歪、縹旋、往來，無不皆然。逐勢練法，則陰陽交結，自有得心應手之妙。其扶氣之源也，通於四梢，氣之注也。如通行之道路，總要無壅滯，無牽拉也。方能來去流利，捷便莫測。故上氣在下欲入上，莫牽其下；下氣在上欲入下，勿滯於上；前氣在後，順其後而前氣自入；後氣在前理其前，而後氣自去；右氣在左，留意於左；左氣在右，留意於右。

如直捶：手入氣以前，不勒後手，後肘氣不得自背而入。上衝手：下胸不開，則氣不得上升，而入於後。合抱勢：背不開，則氣不得裹於前。直起勢：須勾腳。直蹲勢；須縮項。左手氣在右手，右手氣在左手。俯勢、栽勢、掀其後腳跟。墜勢者，坐其臀。起勢者，顛其足。栽蓋莫蹺腳，恐上頂也。仰勿伸腳，慮下拉也。擴而充之，勢勢皆然。

總之，氣之路也，歸著一處。氣之來也，不自一處。惟疏其氣，其氣源通，則道流利，自不至步步為營，有牽拉不前之患矣。

(七) 陰陽併入併扶說

此反勢。反勢陰陽，各居其半。故左反勢者，右邊之陰陽併入以左之，左邊之陰陽併入以扶之。故右反勢者，左邊之陰陽併入以右之，右邊之陰陽併入以扶之。

(八) 陰陽分入分扶

此平轉開合勢。開胸合背者陰氣，分入陽氣。開背合

胸者陽氣，分入陰氣。勢分兩邊，故氣也從中劈開分入分扶之。

(九) 陰陽旋入旋扶

此平掄勢、紐縹勢、搖晃勢也。勢旋轉而不停，氣亦隨之旋繞不息。陰入陽分，陽入陰分，接續連綿，並無休歇。左旋右旋，陰陽旋相入扶也。

(十) 陰入陽扶　陽入陰扶

此直起直落不偏不倚勢也。直身正勢，陽不得入於陰分，陰不得入於陽分，各歸本分。上歸百會穴而交，下至湧泉穴而合，陰陽之扶在兩穴也。

(十一) 陰陽斜偏十字入扶

此斜偏側身俯仰勢也。左斜俯勢，陽氣自脊背右下提於左上、斜入左前陽分。右斜俯勢，陰氣自脊背左下提於右上、斜入右前陰分。斜劈、斜邀手用此。左斜仰勢，陰氣自腹右下提於腹左上，斜入右後陽分。斜擢、斜提手用此。

(十二) 陰陽亂點入扶法

此醉形式是也。醉形者，忽前、忽後，忽左、忽右，忽俯、忽仰，忽進、忽退，忽斜、忽正，勢無定形，氣也隨之亂為入扶也。

(十三) 剛柔相濟

勢無三點不落，氣無三點不盡。此陰轉陰中間一陽，陽轉陽中間一陰之謂也。蓋落處處處氣凝血□□□□之。所用剛法，則氣撲滿身。而兼陰兼陽，是氣血流行之時，宜用柔法。不達乎此純用剛，則氣撲滿身，牽拉不利，落點必不猛勇。純用柔法，則氣散不聚，無所歸著，落點必不堅硬。應剛而柔，散而不聚；應柔而剛，則聚而不散。皆不得相濟之妙。

故善用剛法，落點即如蜻蜓點水，一沾即起。善用柔法，遇氣如風輪旋轉，滾走不停。若是剛柔相濟得宜，方無氣歉不實、澀滯不利之患也。

以上總論：一身之大陰陽，俱以入其扶。至於手背為陽、膊外為陽。三陽經行於手背之外也，太陽經起於手之小指背，少陽經起於無名指背，陽明經起於食指背。皆上循轉外而赴頭也。手心為陰，膊內為陰。三陰經行於手膊之內也。

太陰經止於手大指內，厥陰經止於中指內，少陰經止於小指內，皆循膊內止於指。足背為陽，腿外為陽。三陽經行於足腿也。太陽經止於足小趾外側，少陽經止於足大趾內及小趾、次趾間，陽明經止於足大趾及次趾背。

三經皆循腿外，而止於趾背。足心為陰，腿內為陰。三陰經行於足腿之內也。足太陰經起於足大趾側下，足厥陰經起於足大趾內側上，足少陰經起於小趾過足心湧泉穴。三經皆循腿內。

(十四) 三尖爲氣之綱領論

事專一，則治於以其有主宰之統。雖有千頭萬緒之多，而究之總歸一轍也。如行軍有主帥之運動，治家有家宰之規範，方能同心協力於事。筋經貫氣，動關性命，其氣統領之歸結，不可不究哉。夫頭爲諸陽之會，領一身之氣，頭不合，則一身之氣不入矣。

如左側俯勢：而頭反右歪，則右半之陰陽不入。右側俯勢：而頭反左歪，則左半之陰陽不入。直起勢：頭反縮，則下氣不得上升。直落勢：頭反頂，則上氣不得下降。旋轉而右，頭反左顧，則氣不得右入。旋轉而左，頭反右顧，則氣不得左入。

三陰至於手內，三陽起於手背，爲臂膊往來氣血之道路。指法之曲伸、手腕之俯仰、伸蹻，則氣不入矣。如平仰手直出，反掌勾手氣必不入。陰手下截者，掌蹻則氣不入。仰手上出者，掌蹻則氣亦不入。平仰手前蕩者，腕勾則氣不入。平陰陽手截打者，腕勾則氣亦不入。側手直打者，蹻手則氣不入。側手沉打者，蹻手則氣不入。餘可類推。

三陽止於足之背，三陰起於足之下，爲腿胯往來氣血之道路。一足之尖、跟、棱、掌、腳脖之伸蹻，內外一有不合，則腿氣不入。如仰勢，腳尖若伸，則陽氣不入。俯勢，腳尖若蹻，則陰氣不入。起勢直躦者，腳尖若伸，則氣不得上升。若落勢下墜，腳尖若蹻，則氣不得下降，皆不可不知也。

(十五) 三尖照說

練氣不外動靜。動則氣槃不散，靜則如山岳而難搖，方能來去無失。視俗手動靜俱不穩妥，蓋亦未究三尖照與不照耳。

三尖照則無東歪西斜之患。不照則牽此拉彼，必有搖晃之失。如十字勢：左腳前、右手前者，右手正照左腳尖，頭照右手，則上中下一線，不斜不歪必穩。側身右腳前，右手前之順勢，頭順勢照右手，右手照右腳必穩。餘可類推。又有三尖不能強照者，則與十二節照之，紐縹必用之。

(十六) 三尖到論

三尖到則一齊俱到也。不然此先彼後，此速彼遲，互有牽拉而不利也。右手正照右腳尖，蓋氣之著落點。雖云：「一尖二催」，此一尖之氣者在全身。一尖不到，必有牽拉，身氣不入矣。

自練不靈快，催不堅剛，皆是此類不照之患。練形者，須刻刻留意此三處，方為中的。

(十七) 十二節、往來、氣落、內外、上下、前後論

三尖為氣之領袖，乃氣所歸著之處。人且知此三處，宜堅實勇猛，全體堅如石，方能不怕人之衝突，不慮我之不敵也。其所以堅硬者，則在逐處之骨節。蓋骨節之空隙乃一人之經脈、神明之所流注此處。精神填實，則如鐵如鋼，伸之不能曲，曲之不能伸，氣貫方全。起手有肩、

肘、腕三節；腿有胯、膝、足三節，左右相併共計十二節。手之能握，足之能步，全賴於此。如百沙袋逐層填實，雖軟物可使之堅硬，此雷同氣貫筋經之理也。

氣落全勢有前後、內外、上下之分，宜明辨之。如側身直勢雙手前推者：肘心氣填於上、手腕氣填於掌、蹻於肩。雙手下劈者：肘心氣填於手腕、氣填於下，前肩脫下，後肩提起。正身前撲：兩手平托、肘心氣填於上、手腕氣填於內。膝蹻與臍平：氣實腿外側、腳脖內側、著力胯外間。上下節數隨之起落運動。餘可類推。

(十八) 槳停成論

> 歌曰：天地交會萬物生，
>
> 　　　不偏不倚氣均停；
>
> 　　　千秋萬載氣停聚，
>
> 　　　惟有和合一氣通。

此交手法也。槳者：非交手先將中氣吸入中宮，滿腹堅硬如鐵，全體振動，勃然莫遏。如行軍未對敵之先予將士鼓其勇氣，以待敵至，使其根非空洞虛殼也。

停者：已交手也，落點不前不後，不偏不倚，陰陽均停，不多不少也。

成者：已交手至落點之後，仍還俟再發也。落點氣不還原，氣散不聚，後不可繼，再發發甚矣。故陰勢陽出者，仍還之以陰。陽勢陽出者，仍還之以陽。成住不散，生生不窮。雖千手萬手，氣總不散敗，更兼內丹，素成食氣不絕，即不得食，而真氣充之，自無餓餒之患。歷數古之名將，愈戰愈猛、勇增百倍者，皆是此訣作用無窮也。

(十九) 點氣論

詞曰：似夢地著驚，似吾道忽醒，似皮膚無意燃火星，似寒浸骨裡打戰凍。想情形快疾猛，原來是真氣泓，濃震雷迅發離火焰烘，俗不悟元中窈，丟卻別尋那得醒，著人脅膚堅剛莫敵形，而深入骨髓截斷營。

已剛在於氣所著，未有疼痛。疼則不通，通則不疼，理應然也。能隔斷氣血之道路，使不接續；能壅塞氣血之運轉，使不流通。可以粉骨絕筋斃性命於頃刻。

氣之為用大矣哉，但須明其方、知其發、神其用、方能入殼。如射之中，得先正形體，不偏不倚。如矢之端正，簇羽之停，習□中氣，神凝氣充。再如開弓弛、張弓圓、斬滿而其中得之神勇可於此，可穿七扎，乃在放散之靈不靈耳。故氣之發也，當如炮之燃火，弓箭之離弦，陡然而至。熟玩此詞，自然會得心應手，切勿作閑話略過也。

(二十) 過氣論

落點堅硬猛勇莫敵，賴全身之氣盡握一處也。然，有用之，而氣不至，氣去而牽拉不利者，未知過氣之法也。蓋人身之氣，發於命門，氣之源也，著於四梢，氣之注也。而其流行之道路，總要無壅滯、無牽拉，方能手法流利，捷便莫測。故上氣在下，欲入上莫牽於下。下氣在上，欲入下莫滯於上。前氣在後順其後，而前氣自入；後氣在前理其前，而後氣自去。左氣在右，留心於右；右氣在左，留心於左。

如直撞手：入手氣於前，不勒後手掌，後肘氣不得自背而入。上衝手：下手不下撞，肩不下脫，氣不得自筋而入。分擺手：胸不開，則氣不得入手後。合抱者：背不開，則氣不得理於前。直起勢，須勾其腳；直落勢，須縮其項。左手氣在右腳，右手氣在左腳。俯勢、栽勢、前探勢，掀起後腳跟也。墜勢，坐其臀。舉勢，踮其足。栽蓋莫蹺腳，恐上頂也。仰蓋莫伸腳，慮下拉也。擴而充之，勢勢皆然。

總之，氣落也，歸著一處。氣求也，不自一處。惟疏其源，通其流，則道路滑利，自不致步步為營，有牽拉不前之患矣。前敘二十法論，乃為筋經貫氣之秘訣。

(註) 此拳譜為手抄傳本，錯字漏句頗多，因係前人所作，不敢妄猜強改，姑且依原樣公諸於世，僅供同道研究參考。

大展出版社有限公司
品冠文化出版社

圖書目錄

地址：台北市北投區(石牌)　　　電話：(02)28236031
　　　致遠一路二段 12 巷 1 號　　　　　　28236033
郵撥：0166955～1　　　　　　傳真：(02)28272069

。·法律專欄連載· 大展編號 58

台大法學院　　　法律學系／策劃
　　　　　　　　法律服務社／編著

1. 別讓您的權利睡著了(1)　　　　　　　　200 元
2. 別讓您的權利睡著了(2)　　　　　　　　200 元

·武 術 特 輯· 大展編號 10

1. 陳式太極拳入門　　　　　　馮志強編著　180 元
2. 武式太極拳　　　　　　　　郝少如編著　200 元
3. 練功十八法入門　　　　　　蕭京凌編著　120 元
4. 教門長拳　　　　　　　　　蕭京凌編著　150 元
5. 跆拳道　　　　　　　　　　蕭京凌編譯　180 元
6. 正傳合氣道　　　　　　　　　程曉鈴譯　200 元
7. 圖解雙節棍　　　　　　　　陳銘遠著　150 元
8. 格鬥空手道　　　　　　　　鄭旭旭編著　200 元
9. 實用跆拳道　　　　　　　　陳國榮編著　200 元
10. 武術初學指南　　　李文英、解守德編著　250 元
11. 泰國拳　　　　　　　　　　　陳國榮著　180 元
12. 中國式摔跤　　　　　　　　黃 斌編著　180 元
13. 太極劍入門　　　　　　　　李德印編著　180 元
14. 太極拳運動　　　　　　　　　運動司編　250 元
15. 太極拳譜　　　　　　清·王宗岳等著　280 元
16. 散手初學　　　　　　　　　冷 峰編著　200 元
17. 南拳　　　　　　　　　　　朱瑞琪編著　180 元
18. 吳式太極劍　　　　　　　　　王培生著　200 元
19. 太極拳健身與技擊　　　　　　王培生著　250 元
20. 秘傳武當八卦掌　　　　　　　狄兆龍著　250 元
21. 太極拳論譚　　　　　　　　　沈 壽著　250 元
22. 陳式太極拳技擊法　　　　　　馬 虹著　250 元
23. 三十四式 太極拳　　　　　　闞桂香著　180 元
24. 楊式秘傳 129 式太極長拳　　　張楚全著　280 元
25. 楊式太極拳架詳解　　　　　　林炳堯著　280 元

26. 華佗五禽劍	劉時榮著	180 元
27. 太極拳基礎講座：基本功與簡化 24 式	李德印著	250 元
28. 武式太極拳精華	薛乃印著	200 元
29. 陳式太極拳拳理闡微	馬 虹著	350 元
30. 陳式太極拳體用全書	馬 虹著	400 元
31. 張三豐太極拳	陳占奎著	200 元
32. 中國太極推手	張 山主編	300 元
33. 48 式太極拳入門	門惠豐編著	220 元
34. 太極拳奇人奇功	嚴翰秀編著	250 元
35. 心意門秘籍	李新民編著	220 元
36. 三才門乾坤戊己功	王培生編著	元
37. 武式太極劍精華 +VCD	薛乃印編著	元
38. 楊式太極拳	傅鐘文演述	元

·原地太極拳系列· 大展編號 11

1. 原地綜合太極拳 24 式	胡啓賢創編	220 元
2. 原地活步太極拳 42 式	胡啓賢創編	200 元
3. 原地簡化太極拳 24 式	胡啓賢創編	200 元
4. 原地太極拳 12 式	胡啓賢創編	200 元

·道 學 文 化· 大展編號 12。

1. 道在養生：道教長壽術	郝 勤等著	250 元
2. 龍虎丹道：道教內丹術	郝 勤著	300 元
3. 天上人間：道教神仙譜系	黃德海著	250 元
4. 步罡踏斗：道教祭禮儀典	張澤洪著	250 元
5. 道醫窺秘：道教醫學康復術	王慶餘等著	250 元
6. 勸善成仙：道教生命倫理	李 剛著	250 元
7. 洞天福地：道教宮觀勝境	沙銘壽著	250 元
8. 青詞碧簫：道教文學藝術	楊光文等著	250 元
9. 沈博絕麗：道教格言精粹	朱耕發等著	250 元

·秘傳占卜系列· 大展編號 14

1. 手相術	淺野八郎著	180 元
2. 人相術	淺野八郎著	180 元
3. 西洋占星術	淺野八郎著	180 元
4. 中國神奇占卜	淺野八郎著	150 元
5. 夢判斷	淺野八郎著	150 元
6. 前世、來世占卜	淺野八郎著	150 元
7. 法國式血型學	淺野八郎著	150 元
8. 靈感、符咒學	淺野八郎著	150 元

9. 紙牌占卜學	淺野八郎著	150元
10. ESP 超能力占卜	淺野八郎著	150元
11. 猶太數的秘術	淺野八郎著	150元
12. 新心理測驗	淺野八郎著	160元
13. 塔羅牌預言秘法	淺野八郎著	200元

・趣味心理講座・大展編號 15

1. 性格測驗	探索男與女	淺野八郎著	140元
2. 性格測驗	透視人心奧秘	淺野八郎著	140元
3. 性格測驗	發現陌生的自己	淺野八郎著	140元
4. 性格測驗	發現你的真面目	淺野八郎著	140元
5. 性格測驗	讓你們吃驚	淺野八郎著	140元
6. 性格測驗	洞穿心理盲點	淺野八郎著	140元
7. 性格測驗	探索對方心理	淺野八郎著	140元
8. 性格測驗	由吃認識自己	淺野八郎著	160元
9. 性格測驗	戀愛知多少	淺野八郎著	160元
10. 性格測驗	由裝扮瞭解人心	淺野八郎著	160元
11. 性格測驗	敲開內心玄機	淺野八郎著	140元
12. 性格測驗	透視你的未來	淺野八郎著	160元
13. 血型與你的一生		淺野八郎著	160元
14. 趣味推理遊戲		淺野八郎著	160元
15. 行為語言解析		淺野八郎著	160元

・婦 幼 天 地・大展編號 16

1. 八萬人減肥成果	黃靜香譯	180元
2. 三分鐘減肥體操	楊鴻儒譯	150元
3. 窈窕淑女美髮秘訣	柯素娥譯	130元
4. 使妳更迷人	成 玉譯	130元
5. 女性的更年期	官舒妍編譯	160元
6. 胎內育兒法	李玉瓊編譯	150元
7. 早產兒袋鼠式護理	唐岱蘭譯	200元
8. 初次懷孕與生產	婦幼天地編譯組	180元
9. 初次育兒12個月	婦幼天地編譯組	180元
10. 斷乳食與幼兒食	婦幼天地編譯組	180元
11. 培養幼兒能力與性向	婦幼天地編譯組	180元
12. 培養幼兒創造力的玩具與遊戲	婦幼天地編譯組	180元
13. 幼兒的症狀與疾病	婦幼天地編譯組	180元
14. 腿部苗條健美法	婦幼天地編譯組	180元
15. 女性腰痛別忽視	婦幼天地編譯組	150元
16. 舒展身心體操術	李玉瓊編譯	130元
17. 三分鐘臉部體操	趙薇妮著	160元

18. 生動的笑容表情術	趙薇妮著	160 元
19. 心曠神怡減肥法	川津祐介著	130 元
20. 內衣使妳更美麗	陳玄茹譯	130 元
21. 瑜伽美姿美容	黃靜香編著	180 元
22. 高雅女性裝扮學	陳珮玲譯	180 元
23. 蠶糞肌膚美顏法	梨秀子著	160 元
24. 認識妳的身體	李玉瓊譯	160 元
25. 產後恢復苗條體態	居理安·芙萊喬著	200 元
26. 正確護髮美容法	山崎伊久江著	180 元
27. 安琪拉美姿養生學	安琪拉蘭斯博瑞著	180 元
28. 女體性醫學剖析	增田豐著	220 元
29. 懷孕與生產剖析	岡部綾子著	180 元
30. 斷奶後的健康育兒	東城百合子著	220 元
31. 引出孩子幹勁的責罵藝術	多湖輝著	170 元
32. 培養孩子獨立的藝術	多湖輝著	170 元
33. 子宮肌瘤與卵巢囊腫	陳秀琳編著	180 元
34. 下半身減肥法	納他夏·史達賓著	180 元
35. 女性自然美容法	吳雅菁編著	180 元
36. 再也不發胖	池園悅太郎著	170 元
37. 生男生女控制術	中垣勝裕著	220 元
38. 使妳的肌膚更亮麗	楊 皓編著	170 元
39. 臉部輪廓變美	芝崎義夫著	180 元
40. 斑點、皺紋自己治療	高須克彌著	180 元
41. 面皰自己治療	伊藤雄康著	180 元
42. 隨心所欲瘦身冥想法	原久子著	180 元
43. 胎兒革命	鈴木丈織著	180 元
44. NS 磁氣平衡法塑造窈窕奇蹟	古屋和江著	180 元
45. 享瘦從腳開始	山田陽子著	180 元
46. 小改變瘦 4 公斤	宮本裕子著	180 元
47. 軟管減肥瘦身	高橋輝男著	180 元
48. 海藻精神秘美容法	劉名揚編著	180 元
49. 肌膚保養與脫毛	鈴木真理著	180 元
50. 10 天減肥 3 公斤	彤雲編輯組	180 元
51. 穿出自己的品味	西村玲子著	280 元
52. 小孩髮型設計	李芳黛譯	250 元

·青春天地· 大展編號 17

1. A 血型與星座	柯素娥編譯	160 元
2. B 血型與星座	柯素娥編譯	160 元
3. O 血型與星座	柯素娥編譯	160 元
4. AB 血型與星座	柯素娥編譯	120 元
5. 青春期性教室	呂貴嵐編譯	130 元
7. 難解數學破題	宋釗宜編譯	130 元

4

9. 小論文寫作秘訣	林顯茂編譯	120 元
11. 中學生野外遊戲	熊谷康編著	120 元
12. 恐怖極短篇	柯素娥編譯	130 元
13. 恐怖夜話	小毛驢編譯	130 元
14. 恐怖幽默短篇	小毛驢編譯	120 元
15. 黑色幽默短篇	小毛驢編譯	120 元
16. 靈異怪談	小毛驢編譯	130 元
17. 錯覺遊戲	小毛驢編著	130 元
18. 整人遊戲	小毛驢編著	150 元
19. 有趣的超常識	柯素娥編譯	130 元
20. 哦！原來如此	林慶旺編譯	130 元
21. 趣味競賽 100 種	劉名揚編譯	120 元
22. 數學謎題入門	宋釗宜編譯	150 元
23. 數學謎題解析	宋釗宜編譯	150 元
24. 透視男女心理	林慶旺編譯	120 元
25. 少女情懷的自白	李桂蘭編譯	120 元
26. 由兄弟姊妹看命運	李玉瓊編譯	130 元
27. 趣味的科學魔術	林慶旺編譯	150 元
28. 趣味的心理實驗室	李燕玲編譯	150 元
29. 愛與性心理測驗	小毛驢編譯	130 元
30. 刑案推理解謎	小毛驢編譯	180 元
31. 偵探常識推理	小毛驢編譯	180 元
32. 偵探常識解謎	小毛驢編譯	130 元
33. 偵探推理遊戲	小毛驢編譯	180 元
34. 趣味的超魔術	廖玉山編著	150 元
35. 趣味的珍奇發明	柯素娥編著	150 元
36. 登山用具與技巧	陳瑞菊編著	150 元
37. 性的漫談	蘇燕謀編著	180 元
38. 無的漫談	蘇燕謀編著	180 元
39. 黑色漫談	蘇燕謀編著	180 元
40. 白色漫談	蘇燕謀編著	180 元

·健 康 天 地· 大展編號 18

1. 壓力的預防與治療	柯素娥編譯	130 元
2. 超科學氣的魔力	柯素娥編譯	130 元
3. 尿療法治病的神奇	中尾良一著	130 元
4. 鐵證如山的尿療法奇蹟	廖玉山譯	120 元
5. 一日斷食健康法	葉慈容編譯	150 元
6. 胃部強健法	陳炳崑譯	120 元
7. 癌症早期檢查法	廖松濤譯	160 元
8. 老人痴呆症防止法	柯素娥編譯	130 元
9. 松葉汁健康飲料	陳麗芬編譯	130 元
10. 揉肚臍健康法	永井秋夫著	150 元

11. 過勞死、猝死的預防	卓秀貞編譯	130 元
12. 高血壓治療與飲食	藤山順豐著	180 元
13. 老人看護指南	柯素娥編譯	150 元
14. 美容外科淺談	楊啓宏著	150 元
15. 美容外科新境界	楊啓宏著	150 元
16. 鹽是天然的醫生	西英司郎著	140 元
17. 年輕十歲不是夢	梁瑞麟譯	200 元
18. 茶料理治百病	桑野和民著	180 元
19. 綠茶治病寶典	桑野和民著	150 元
20. 杜仲茶養顏減肥法	西田博著	170 元
21. 蜂膠驚人療效	瀨長良三郎著	180 元
22. 蜂膠治百病	瀨長良三郎著	180 元
23. 醫藥與生活	鄭炳全著	180 元
24. 鈣長生寶典	落合敏著	180 元
25. 大蒜長生寶典	木下繁太郎著	160 元
26. 居家自我健康檢查	石川恭三著	160 元
27. 永恆的健康人生	李秀鈴譯	200 元
28. 大豆卵磷脂長生寶典	劉雪卿譯	150 元
29. 芳香療法	梁艾琳譯	160 元
30. 醋長生寶典	柯素娥譯	180 元
31. 從星座透視健康	席拉・吉蒂斯著	180 元
32. 愉悅自在保健學	野本二士夫著	160 元
33. 裸睡健康法	丸山淳士等著	160 元
34. 糖尿病預防與治療	藤山順豐著	180 元
35. 維他命長生寶典	菅原明子著	180 元
36. 維他命 C 新效果	鐘文訓編	150 元
37. 手、腳病理按摩	堤芳朗著	160 元
38. AIDS 瞭解與預防	彼得塔歇爾著	180 元
39. 甲殼質殼聚糖健康法	沈永嘉譯	160 元
40. 神經痛預防與治療	木下真男著	160 元
41. 室內身體鍛鍊法	陳炳崑編著	160 元
42. 吃出健康藥膳	劉大器編著	180 元
43. 自我指壓術	蘇燕謀編著	160 元
44. 紅蘿蔔汁斷食療法	李玉瓊編著	150 元
45. 洗心術健康秘法	竺翠萍編譯	170 元
46. 枇杷葉健康療法	柯素娥編譯	180 元
47. 抗衰血癒	楊啓宏著	180 元
48. 與癌搏鬥記	逸見政孝著	180 元
49. 冬蟲夏草長生寶典	高橋義博著	170 元
50. 痔瘡・大腸疾病先端療法	宮島伸宜著	180 元
51. 膠布治癒頑固慢性病	加瀨建造著	180 元
52. 芝麻神奇健康法	小林貞作著	170 元
53. 香煙能防止癡呆？	高田明和著	180 元
54. 穀菜食治癌療法	佐藤成志著	180 元

55. 貼藥健康法	松原英多著	180 元
56. 克服癌症調和道呼吸法	帶津良一著	180 元
57. B 型肝炎預防與治療	野村喜重郎著	180 元
58. 青春永駐養生導引術	早島正雄著	180 元
59. 改變呼吸法創造健康	原久子著	180 元
60. 荷爾蒙平衡養生秘訣	出村博著	180 元
61. 水美肌健康法	井戶勝富著	170 元
62. 認識食物掌握健康	廖梅珠編著	170 元
63. 痛風劇痛消除法	鈴木吉彥著	180 元
64. 酸莖菌驚人療效	上田明彥著	180 元
65. 大豆卵磷脂治現代病	神津健一著	200 元
66. 時辰療法—危險時刻凌晨 4 時	呂建強等著	180 元
67. 自然治癒力提升法	帶津良一著	180 元
68. 巧妙的氣保健法	藤平墨子著	180 元
69. 治癒 C 型肝炎	熊田博光著	180 元
70. 肝臟病預防與治療	劉名揚編著	180 元
71. 腰痛平衡療法	荒井政信著	180 元
72. 根治多汗症、狐臭	稻葉益巳著	220 元
73. 40 歲以後的骨質疏鬆症	沈永嘉譯	180 元
74. 認識中藥	松下一成著	180 元
75. 認識氣的科學	佐佐木茂美著	180 元
76. 我戰勝了癌症	安田伸著	180 元
77. 斑點是身心的危險信號	中野進著	180 元
78. 艾波拉病毒大震撼	玉川重德著	180 元
79. 重新還我黑髮	桑名隆一郎著	180 元
80. 身體節律與健康	林博史著	180 元
81. 生薑治萬病	石原結實著	180 元
82. 靈芝治百病	陳瑞東著	180 元
83. 木炭驚人的威力	大槻彰著	200 元
84. 認識活性氧	井土貴司著	180 元
85. 深海鮫治百病	廖玉山編著	180 元
86. 神奇的蜂王乳	井上丹治著	180 元
87. 卡拉 OK 健腦法	東潔著	180 元
88. 卡拉 OK 健康法	福田伴男著	180 元
89. 醫藥與生活	鄭炳全著	200 元
90. 洋蔥治百病	宮尾興平著	180 元
91. 年輕 10 歲快步健康法	石塚忠雄著	180 元
92. 石榴的驚人神效	岡本順子著	180 元
93. 飲料健康法	白鳥早奈英著	180 元
94. 健康棒體操	劉名揚編譯	180 元
95. 催眠健康法	蕭京凌編著	180 元
96. 鬱金（美王）治百病	水野修一著	180 元
97. 醫藥與生活	鄭炳全著	200 元

·實用女性學講座· 大展編號 19

1.	解讀女性內心世界	島田一男著	150	元
2.	塑造成熟的女性	島田一男著	150	元
3.	女性整體裝扮學	黃靜香編著	180	元
4.	女性應對禮儀	黃靜香編著	180	元
5.	女性婚前必修	小野十傳著	200	元
6.	徹底瞭解女人	田口二州著	180	元
7.	拆穿女性謊言 88 招	島田一男著	200	元
8.	解讀女人心	島田一男著	200	元
9.	俘獲女性絕招	志賀貢著	200	元
10.	愛情的壓力解套	中村理英子著	200	元
11.	妳是人見人愛的女孩	廖松濤編著	200	元

·校園系列· 大展編號 20

1.	讀書集中術	多湖輝著	180	元
2.	應考的訣竅	多湖輝著	150	元
3.	輕鬆讀書贏得聯考	多湖輝著	150	元
4.	讀書記憶秘訣	多湖輝著	180	元
5.	視力恢復！超速讀術	江錦雲譯	180	元
6.	讀書 36 計	黃柏松編著	180	元
7.	驚人的速讀術	鐘文訓編著	170	元
8.	學生課業輔導良方	多湖輝著	180	元
9.	超速讀超記憶法	廖松濤編著	180	元
10.	速算解題技巧	宋釗宜編著	200	元
11.	看圖學英文	陳炳崑編著	200	元
12.	讓孩子最喜歡數學	沈永嘉譯	180	元
13.	催眠記憶術	林碧清譯	180	元
14.	催眠速讀術	林碧清譯	180	元
15.	數學式思考學習法	劉淑錦譯	200	元
16.	考試憑要領	劉孝暉著	180	元
17.	事半功倍讀書法	王毅希著	200	元
18.	超金榜題名術	陳蒼杰譯	200	元
19.	靈活記憶術	林耀慶編著	180	元
20.	數學增強要領	江修楨編著	180	元

·實用心理學講座· 大展編號 21

1.	拆穿欺騙伎倆	多湖輝著	140	元
2.	創造好構想	多湖輝著	140	元
3.	面對面心理術	多湖輝著	160	元
4.	偽裝心理術	多湖輝著	140	元

5.	透視人性弱點	多湖輝著	140元
6.	自我表現術	多湖輝著	180元
7.	不可思議的人性心理	多湖輝著	180元
8.	催眠術入門	多湖輝著	150元
9.	責罵部屬的藝術	多湖輝著	150元
10.	精神力	多湖輝著	150元
11.	厚黑說服術	多湖輝著	150元
12.	集中力	多湖輝著	150元
13.	構想力	多湖輝著	150元
14.	深層心理術	多湖輝著	160元
15.	深層語言術	多湖輝著	160元
16.	深層說服術	多湖輝著	180元
17.	掌握潛在心理	多湖輝著	160元
18.	洞悉心理陷阱	多湖輝著	180元
19.	解讀金錢心理	多湖輝著	180元
20.	拆穿語言圈套	多湖輝著	180元
21.	語言的內心玄機	多湖輝著	180元
22.	積極力	多湖輝著	180元

·超現實心理講座· 大展編號 22

1.	超意識覺醒法	詹蔚芬編譯	130元
2.	護摩秘法與人生	劉名揚編譯	130元
3.	秘法！超級仙術入門	陸明譯	150元
4.	給地球人的訊息	柯素娥編著	150元
5.	密教的神通力	劉名揚編著	130元
6.	神秘奇妙的世界	平川陽一著	200元
7.	地球文明的超革命	吳秋嬌譯	200元
8.	力量石的秘密	吳秋嬌譯	180元
9.	超能力的靈異世界	馬小莉譯	200元
10.	逃離地球毀滅的命運	吳秋嬌譯	200元
11.	宇宙與地球終結之謎	南山宏著	200元
12.	驚世奇功揭秘	傅起鳳著	200元
13.	啓發身心潛力心象訓練法	栗田昌裕著	180元
14.	仙道術遁甲法	高藤聰一郎著	220元
15.	神通力的秘密	中岡俊哉著	180元
16.	仙人成仙術	高藤聰一郎著	200元
17.	仙道符咒氣功法	高藤聰一郎著	220元
18.	仙道風水術尋龍法	高藤聰一郎著	200元
19.	仙道奇蹟超幻像	高藤聰一郎著	200元
20.	仙道鍊金術房中法	高藤聰一郎著	200元
21.	奇蹟超醫療治癒難病	深野一幸著	220元
22.	揭開月球的神秘力量	超科學研究會	180元
23.	西藏密教奧義	高藤聰一郎著	250元

24. 改變你的夢術入門　　　　　　高藤聰一郎著　250元
25. 21世紀拯救地球超技術　　　　深野一幸著　250元

·養生保健· 大展編號23

1. 醫療養生氣功	黃孝寬著	250元
2. 中國氣功圖譜	余功保著	250元
3. 少林醫療氣功精粹	井玉蘭著	250元
4. 龍形實用氣功	吳大才等著	220元
5. 魚戲增視強身氣功	宮 嬰著	220元
6. 嚴新氣功	前新培金著	250元
7. 道家玄牝氣功	張 章著	200元
8. 仙家秘傳袪病功	李遠國著	160元
9. 少林十大健身功	秦慶豐著	180元
10. 中國自控氣功	張明武著	250元
11. 醫療防癌氣功	黃孝寬著	250元
12. 醫療強身氣功	黃孝寬著	250元
13. 醫療點穴氣功	黃孝寬著	250元
14. 中國八卦如意功	趙維漢著	180元
15. 正宗馬禮堂養氣功	馬禮堂著	420元
16. 秘傳道家筋經內丹功	王慶餘著	280元
17. 三元開慧功	辛桂林著	250元
18. 防癌治癌新氣功	郭 林著	180元
19. 禪定與佛家氣功修煉	劉天君著	200元
20. 顛倒之術	梅自強著	360元
21. 簡明氣功辭典	吳家駿編	360元
22. 八卦三合功	張全亮著	230元
23. 朱砂掌健身養生功	楊永著	250元
24. 抗老功	陳九鶴著	230元
25. 意氣按穴排濁自療法	黃啓運編著	250元
26. 陳式太極拳養生功	陳正雷著	200元
27. 健身袪病小功法	王培生著	200元
28. 張式太極混元功	張春銘著	250元
29. 中國璇密功	羅琴編著	250元
30. 中國少林禪密功	齊飛龍著	200元
31. 郭林新氣功	郭林新氣功研究所	400元

·社會人智囊· 大展編號24

1. 糾紛談判術	清水增三著	160元
2. 創造關鍵術	淺野八郎著	150元
3. 觀人術	淺野八郎著	200元
4. 應急詭辯術	廖英迪編著	160元

國家圖書館出版品預行編目資料

　　心意門秘籍／李新民編著；
　　　　——初版，——臺北市，大展，2001〔民90〕
　　　面；21公分，——（武術特輯；35）
　　　ISBN　957- 468 - 074-6（平裝）

　　1. 拳術—中國　2. 武術—中國
　528.97　　　　　　　　　　　　　　　90006482

心 意 門 秘 籍

ISBN 957- 468 - 074 - 6

編 著 者／李 新 民
責任編輯／王　　潔
發 行 人／蔡 森 明
出 版 著／大展出版社有限公司
社　　址／台北市北投區（石牌）致遠一路2段12巷1號
電　　話／（02）28236031・28236033・28233123
傳　　眞／（02）28272069
郵政劃撥／01669551
E – mail ／ dah-jaan @ms 9.tisnet.net.tw
登 記 證／局版臺業字第 2171 號
承 印 者／高星印刷品行
裝　　訂／嶸興裝訂有限公司
排 版 者／弘益電腦排版有限公司
初版1刷／2001 年（民90年）7月

定　　價／220元